資産を速く・大きく増やせる ラーメン店投資の極意

副業から、
多店舗展開、
フランチャイズ化、
FIREを目指す
人まで!

藏本 猛Jr
ラーメンプロデューサー
一般社団法人 国際ラーメン協会 代表

合同フォレスト

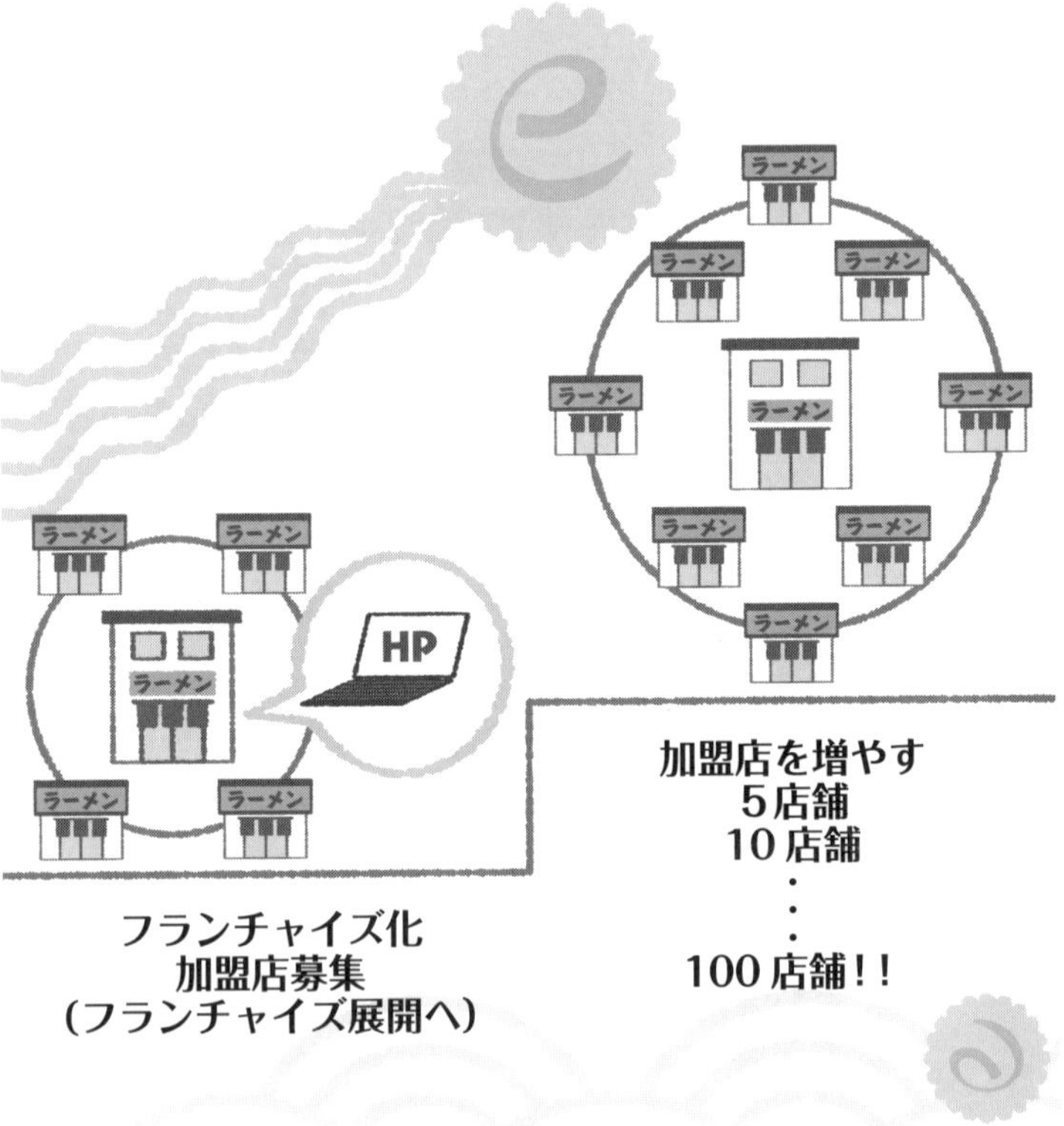

ラーメン
HP
フランチャイズ化
加盟店募集
(フランチャイズ展開へ)
加盟店を増やす
5店舗
10店舗
・
・
・
100店舗!!

ラーメン店投資で成功するためのロードマップ

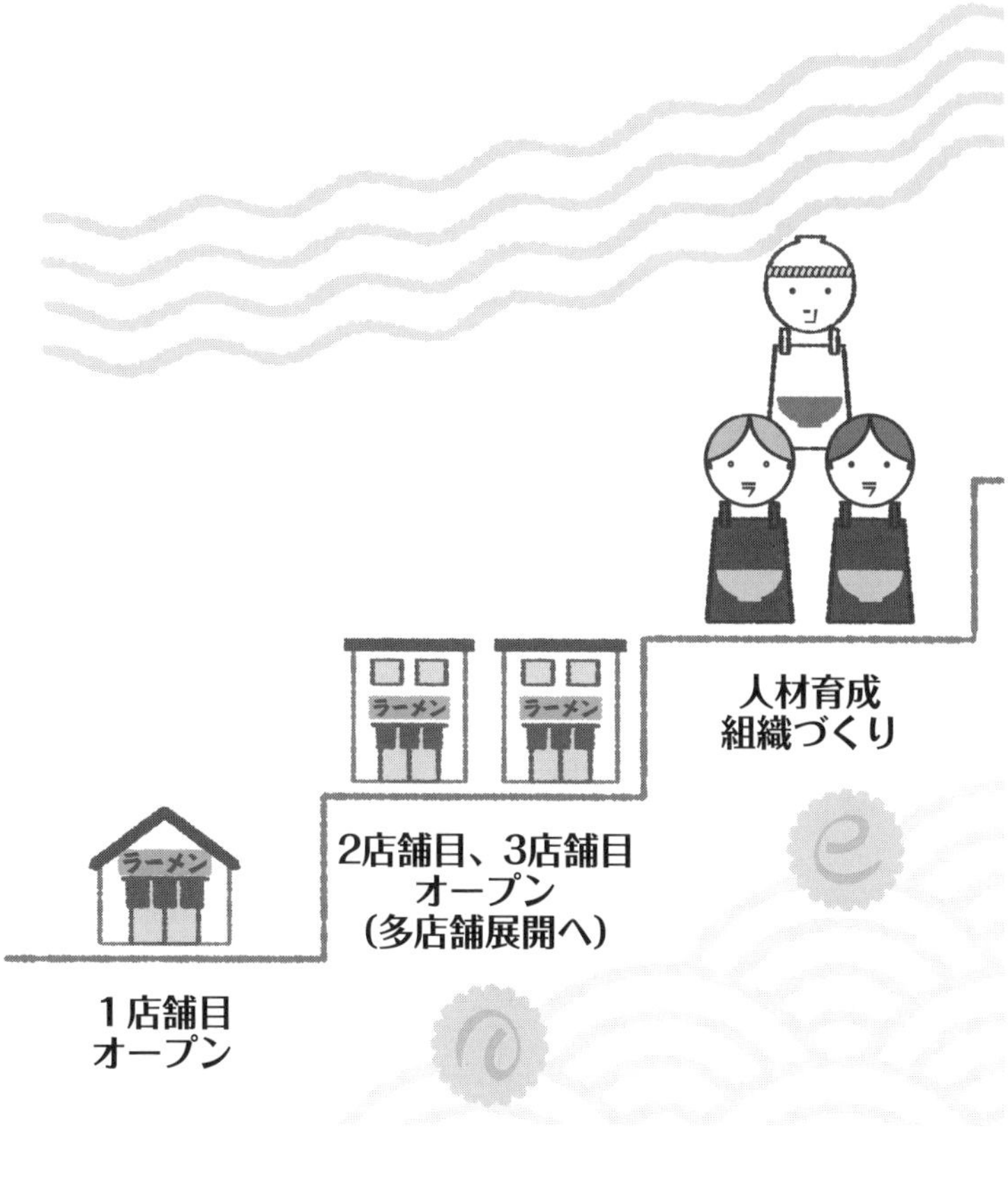

はじめに

2019年に、私が『誰も知らなかった ラーメン店投資家になって成功する方法』（合同フォレスト）を上梓した直後、非常に多くのお問い合わせをいただきました。大変にありがたいことです。

多くの方が、自ら厨房《ちゅうぼう》に立つこともなく、店長として采配する必要もないままにラーメン店のオーナーになれる「ラーメン店投資家」という投資モデルを知って驚かれたようでした。

しかも、1店舗だけでなく、複数の店舗のオーナーや、フランチャイザー（フランチャイズ本部としてロイヤリティーを受け取る側）になれることには、さらに驚かれたようです。

そのため、多くの方が、この拙著を手にされて、私のもとを訪ねてくださいました。

しかし、間もなく新型コロナウイルスの感染拡大が始まり、人々の生活様式に大きな影響を与えました。特に飲食店は、営業時間や営業スタイルに制約がかけられるなど、大きな影響を受け、休業や閉店に追い込まれた店もありました。

ただ、このときに私自身が驚いたのは、飲食店の中でもラーメン店はさほど影響を受けなかったことです。少なくとも私がプロデュースしたお店や私が運営しているお店の売り上げは、コロナ禍においても大きなダメージを受けずに済みました。

その結果、コロナ禍のまっただ中の2年間においても、40人近い方々が新しいオーナーとなり、店舗ベースでも50店舗以上が新規に開店しています。自らがフランチャイザーになってビジネス規模を大いに拡大された方々もいらっしゃいます。

これは他の飲食業では見られない状況でした。多くの飲食店がテイクアウトサービスを導入することでかろうじて生き残れたというのとは、大きく異なっていたのです。むしろ、行政からの支援が厚くなったコロナ禍を、ある意味、チャンスと捉えてラーメン店投資を始めた方たちの多くが成功しました。

期せずして、ラーメン店経営の安定性が証明された形です。

ただ、コロナ禍はあらゆる業界・業態に対して、将来の不安定さを予想させたのではないでしょうか。そのため、大企業に勤める会社員から自営業の人たちまで、幅広い職種の方たちに先行きの不安をもたらしたと思います。

その結果、多くの方にとってコロナ禍は、より安定した職業に就きたいとか、景気などの影響を受けない副業や投資を検討する機会にもなったようです。

そこで本書では、ＦＩＲＥ（経済的に自立した早期退職）を目指す方も対象として、あらためてラーメン店投資の利点や面白さについて紹介しています。特に、多店舗展開やフランチャイザーを目指せることについて、詳しく述べました。

ラーメン店投資家になる方には、次のような方々がいらっしゃいます。

- 会社員だが、副業として不労所得を得られる飲食店のオーナーになりたい
- 株式や不動産投資も行っているが、自分の店という、もっと形のあるものに投資したい
- 既に飲食店を経営しているが、業績が悪化し始めているのでより安定したジャンルに展開したい

●既にラーメン店を経営しているが、多店舗展開やフランチャイザーを目指したい
●既に飲食店を経営しているが、M&Aで規模を大きくしたい
●異業種の事業を経営しているが、新規事業としてラーメン店投資を始めたい

もちろん、ここに挙げられていない動機や事情でラーメン店投資に挑戦されようとしている方も多くいらっしゃるでしょう。

動機や事情がどうであれ、ラーメン店投資で行うことは同じですし、至ってシンプルです。同時に、とても夢のある投資です。

実際に形のあるお店のオーナーになることで、お客様に喜んでいただいている姿を見ることもできますし、多店舗展開もできます。また、自らがフランチャイザーとなればフランチャイズ店からロイヤリティーを受け取ることもできます。

つまり、ラーメン店投資には、他の投資では得られない、飲食店のオーナーになり実業家になれるという夢があります。

もちろん、収入も増やしていけます。

現代は閉塞感の強い時代ではありますが、その中でも夢を持って収入も得られる道の一つとして、ラーメン店投資家という選択肢があることを知っていただければ、筆者としては何よりの喜びです。

それでは、ラーメン店投資の面白さについて、語らせていただきます。

目次

第2章 ラーメン店投資を始めるための基礎知識

第3章 ラーメン店投資に成功する人としない人の差

第4章 多店舗展開で投資を加速させる

第5章 フランチャイズ化で資産を最大化する

第6章 ラーメン店投資の成功店舗事例

第1章

ラーメン店投資で成功するための基礎知識

1 手軽で利益回収まで短期間なのがラーメン店投資

近年、投資をする人が増えています。一部の資産家だけでなく、普通の会社員でも不動産投資や株式投資、ＦＸや暗号資産（仮想通貨）への投資を行う人が増えてきました。

このように投資にはいろいろな対象がありますが、本書では「ラーメン店」への投資という、まだあまり知られていない投資についてお勧めしています。

ラーメン店投資とは、投資家（店舗オーナーの場合もあり）が出資し、プロデューサー（筆者）のプロデュースのもと、ラーメン店を開業することです。そして、プロデューサーが提携するスープや麺のメーカーから材料を仕入れる仕組みです。メーカーからは仕入れ額の一定割合が手数料としてプロデューサーへ支払われます。そのため、店舗がオープンされた以降は、投資家が直接プロデューサーにプロデュース料を支払う必要はありません

（詳しくは第2章1節で説明します）。

さて、そこでなぜ、ラーメン店投資を勧めているのか、まずはラーメン店投資のメリットからお話をさせていただきます。

ラーメン店投資の最も大きなメリットは、手軽さと利益回収までの期間の短さです。たとえば、近年人気の不動産投資では、利益を回収するためには10年単位で構える必要があります。しかも、回収できる利益は年利2～3％といったところでしょう。

一方、ラーメン店投資では始めた月から利益を出せます。利益は売り上げ規模によって差がありますが、たとえば月商200万円であれば、純利益で20万～30万円を上げられ、年率10％にもなります。お店によっては月商600万～700万円となり、50万～70万円の純利益も出せています。

ただ、ネット証券を利用した株式投資ほど小資金で気楽には始められませんので、投資される方にはやはり、個人であればある程度の預貯金があったり融資を受けることができたりする会社員や、既に他のジャンルのお店を持っている経営者やオーナーが多いですね。

前著『誰も知らなかった ラーメン店投資家になって成功する方法』を上梓した頃は個人の投資家が多かったのですが、コロナ禍が始まってからは法人の参入が増えてきました。これはコロナ禍を機に事業の多角化に乗り出した法人が多いためです。

それではラーメン店投資にはどれくらいの投資額が必要なのでしょうか。

ラーメン店投資はその気になれば300万円くらいから始めることが可能ですが、やはり投資額により店舗の立地や規模に制約があり、十分な宣伝活動費を捻出できなくなる問題も生じます。したがって、あまりぎりぎりの予算では満足できるお店を構えることが難しいといえます。

それで最近は、個人の方でも最低600万円から、法人であれば1000万円からの投資が増えています。理想的なお店を構えるためには1000万円前後欲しいところです。1000万円前後の予算があれば良い立地を得られますし、何よりオープン時の広告の予算も確保できます。

もちろん、広告は新聞の折り込みチラシやポスティングなどお金を掛ける手法だけでなく、SNSやブログ、ホームページなどを利用した比較的安価に抑えることができる宣伝活動も可能です。むしろ、ネット媒体は積極的に活用していただきたいところです。

とはいえ、開店までに予算を使い尽くしてしまうと、やはりその後の宣伝活動を行う余力がなくなり、スタートで苦労する場合もあります。ですので、1000万円前後を用意できることが理想というのは、開店後の広告宣伝費も含めているためです。広告宣伝費があると、スタートダッシュできるので投資の回収も早まります。

しかし、半分の500万円くらいの予算ですと、きちんとしたお店を開くことはできますが、立地条件で譲歩したりオープン時の広告宣伝を行う予算がなくなったりするなどしてスタートダッシュがきれず、結果が出にくい状況になります。

したがって、個人の方でも、できるだけゆとりのある予算を用意しておくことをお勧めします。

一方、予算的には比較的余裕のある法人がラーメン店投資を行う理由には、大きく分けて2つあります。

1つは本業の経営状態が悪化したときのための、バックアップとしての異業種参入です。

つまり多角経営ですね。もう1つは既に本業の経営状況が悪化し始めたので、資金力に余裕があるうちに儲かる商売に鞍替えする準備を始めようとしている場合です。

このような法人の場合は銀行からの融資も受けられやすいために、投資額に余裕がありますので、ほぼラーメン店投資を成功させています。

特にコロナ禍では事業再構築補助金などを活用することで、資金面では、かえってコロナ禍という禍《わざわい》を有利に転じた法人もありました。つまり、コロナ禍がラーメン店投資へのきっかけとなった人たちが多くいたのです。

ところで個人の投資家の方には、予算を節約するために店舗や内装をご自身でDIYされる方もいます。しかし私は、店舗作りはプロに任せるように助言しています。

というのも、素人がDIYで構えた店舗は、どうしても安っぽかったり野暮ったくなったりしてしまい、お客様が来店されないからです。特に若い女性客はラーメン店にも清潔感やスタイリッシュさがなければ来てくれません。

ですから、店舗作りはプロに任せるべきです。

そして投資の対象としてラーメン店を選ぶメリットの一つに、実態のある店舗ということが挙げられます。

お店の名前やコンセプトに投資家自身も関与できますし、自分の店がお客様で賑わって繁盛している様子を見ることはとても嬉しいものです。

これは、ラーメン店投資をすることは単に投資家になることではなく、お店のオーナーや実業家になることを示しています。株式投資や暗号資産を保有することもカッコいいですが、「実は飲食店のオーナーなんだ」や「会社員でもあり実業家でもあるんだ」と言えることにも夢があると思いませんか？

2 ラーメン店は飲食業の中でも超ブルーオーシャン

ラーメン店はレッドオーシャンではありませんか？　とよく尋ねられます。

確かに私たちの周りにはラーメン店が多く見られます。多い所では一角曲がる度にラーメン店があるようにすら感じますし、「ラーメン激戦区」と呼ばれるような所もあります。
しかし、このようにラーメン店が多く見られるのは駅前や駅周辺の繁華街ではありませんか？　実はこのような一部の場所を除けば、ラーメン店は急激に少なくなります。地方に行けばさらに激減します。

極端な例ですが、私がプロデュースしたラーメン店で最近最も利益率が高いお店は、実は青森の八戸にあります。「だし拉麺きんざん　八戸本店」は漁港の傍らで、他に飲食店もありませんしコンビニエンスストアもありません（第6章1節参照）。
つまり、ラーメン店どころか飲食店の空白地帯だったのです。しかも店舗に使用した建物は元が倉庫のような使われ方をしていた物件で、飲食店の居抜き（造作譲渡）ではありませんでしたので、改築には1200万円かかりました。しかし38席もある大型店舗に仕上がり10台の駐車スペースがあるにもかかわらず家賃は月に8万円と格段に安いのです。

とはいえ、そのような所は過疎地で人口が少なく、お客様が来ないのでは？　とも尋ねられます。実はそのようなことはありません。

確かに店舗周辺の人口は少ないのですが、駐車場がありますので車で来店されるお客様がたくさんいます。つまり、競合不在の商圏がとても広いのです。

その結果、この店舗は月商500万円を達成できています。この実績を元に、このお店のオーナーは現在フランチャイザーになってフランチャイズ店を増やしているところで、売り上げ規模の拡大を進めています。

つまり、地方や郊外などに目を向ければ、繁盛店を作ることは難しくありません。

関東の例も見てみましょう。

千葉県の中部に大網白里市があります。有名な九十九里浜に面した住宅都市としての性格があり、東京都市圏です。

ところがこの市内には、周辺が田んぼしかないところに「ラーメン一笑」というお店がぽつんとあります（第6章9節参照）。コンビニエンスストアの跡地を借りた店舗ですが、46席の広い店舗に30台停められる広い駐車場があります。それでも家賃は20万円です。月商は500万円です。

飲食店を始めようとすると、つい人通りの多い駅前や繁華街に目が行ってしまいますが、実は郊外や地方の駐車場付き店舗の方がランニングコストも低く抑えられて成功しやすいのです。

このような飲食店の空白地帯を狙えば、ラーメン店はブルーオーシャンと言えます。

また、以前と違って現在のラーメンは「工場系」が有利です。以前は店舗ごとにこだわりのスープや麺を作っているようなお店こそが、「通」をうならせるようなおいしいラーメンを出していると考えられていました。

しかし、そのようなお店の味は毎日どころか時間によって変わってしまうので、実は味が不安定です。したがって、評判を聞きつけて食べに行ったところ、おいしくなかったということも多かったのですね。

一方、現在は工場で作るスープや具材などが大幅に進化して、通をうならせるような味を安定的に供給できるようになっています。もちろん、味のバリエーションはいくらでも増やすことができます。しかも店舗で使用する光熱費や手間が大幅に削減でき、調理コストも低く抑えられますから、利益率も高くなります。

たとえば以前は豚骨スープのレトルト感をなくすためには、店舗で一手間も二手間も掛ける必要がありましたが、現在ではほぼ温めるだけで非常においしいスープを作ることが

できます。

また、コロナ禍や海外の紛争などによりさまざまなものが値上がりしている中で、ラーメンの値段としては高めの800円台に、お客様の抵抗感がなくなってきていることも、追い風となっています。

ところで、コロナ禍では飲食店が大きなダメージを受けましたが、牛丼店とラーメン店はあまりダメージを受けませんでした。その理由の一つは、どちらも1人や少人数で来店されるお客様が多かったことと、テイクアウトへの対応が挙げられます。

牛丼店は以前からテイクアウト対応している所が多かったのですが、ラーメンはどうなの、と思われるかもしれません。

実はラーメンは昔から出前をしていましたし、近年はUber Eatsや出前館などで注文される方も多いのです。メニューではテイクアウト向きとして、つけ麺がよく出ました。逆にUber Eatsや出前館を利用しなかった店舗は苦戦しました。

また、これからラーメンの需要が伸びそうな要因として、町興しや地域興しがあります。町興しや地域興しではラーメンが取り上げられることが多いのです。たとえ工場系のお店でも、具材などに地産地消の食材を使うなどして地域性を出せば、ご当地ラーメンができあがります。

まだ本書の執筆段階（2024年1月）では具体的なプランが見えていないものの、自民党の石破茂氏が「ラーメン文化振興議員連盟」（ラーメン議連）を立ち上げて、地方創生にラーメンを活用しようとしています。私は作り手の立場からご当地ラーメンを提案できるのではないかと考えています。それほどラーメンには人が集まる魅力があるのです。

余談ですが、石破さんとは2023年12月にある会合でご挨拶する機会がありました。名刺交換の際に私の名刺を見て、「お！　俺、ラーメン議連だから」と笑顔で握手してくださったことが印象的でした。

また、ラーメン店が飲食店の空白地で成功しやすいのは、たとえば田んぼの真ん中にぽつんとお店があっても、他のジャンルに比べてお客様が入りやすいという理由があります。なぜお客様が入りやすいのかというと、ラーメンなら気取らなくてもよいですし、メニューにも何かしら自分の好みの品があるだろうと予想できること、そして価格帯もリーズナブルであることが予想できますし、注文してからそれほど待たされないだろうことも期待できるためです。これが和食やイタリアン、フレンチ、中華料理などであれば、入ってみるまでは予想できないという不安があります。

3
オーナーの役割とは？

ラーメン店投資と聞いて多くの人が真っ先にイメージするのが、ラーメン店の店長として働いている姿ですが、これは違います。投資するのですから、自らは厨房に立つことはありませんし、店内で切り盛りする必要もありません。

ですので、ラーメン店投資とは「お店のオーナーになること」ですよ、とお話ししています。それで今度は、「オーナーって何をすればよいのか？」という疑問が湧きます。つまり、どこまでを自分がやって、どこから人に任せるのかを明確にイメージしにくいのです。


簡単に言いますと、オーナーの役割は「お金の管理」と「人とのコミュニケーション」です。お金には売り上げや経費、人件費などが含まれますし、人とは店長やスタッフを示します。たった2つなのですが、この2つが非常に重要です。

ただし、この2つは毎日行う必要はありません。ポイントを押さえておけばよいのです。たとえばお金であれば、月末に1カ月間の売り上げや仕入費、家賃、給料の支払いなどを把握して、利益がどれくらい出たのかを確認します。

日常的なお金の管理は店長やスタッフに任せることになりますが、できるだけ現金をスタッフに触らせないこともトラブルを回避するコツです。現金を見ていると、人というのはやはり魔が差してしまうもので、少しずつごまかして盗んでしまう人も出てきます。

このようなトラブルはラーメン店に限らず、現金を扱う商売では必ず起きてしまうトラブルです。このトラブルを避けるためには、できるだけ現金の管理をオーナーが行うことが大切になります。

たとえば毎日が難しければ、3日に一度は現金を回収しに店に出向いたり、スタッフが現金を見ないでも済む自動券売機を導入したりするなどです。キャッシュレス化への対応も効果的ですので、券売機を導入する際に高額にはなりますが、キャッシュレス対応の券売機を導入することを勧めています。

実際、キャッシュレス対応の券売機を導入しなかったお店は売り上げが落ち始めています。特にインバウンドを取り込むのであれば、キャッシュレスに対応していなければ外国人客が増えません。

このように、オーナーがお金の確認をしている姿を見せることで、スタッフには出来心を起こさせないような緊張感を持たせることができます。

一方、在庫管理などの現物管理は店長に任せても構いません。やはり人を惑わすのは現金なのですね。現金には魔力があります。普段は真面目な人でも、目の前でどんどん増えていく現金を見ていると、「少しぐらいならバレないだろう」と思い始めてしまいます。

一方、オーナーのもう1つの仕事である「コミュニケーション」は非常にシンプルです。極端な話、こまめにお店をのぞき込んで、店長やスタッフに「ご苦労様」と声を掛けるだけでもいいのです。この一言を欠かさないだけでもスタッフのモチベーションが維持されます。

さらに「何か問題は起きていませんか？」や「不自由な点はありませんか？」といった問いかけを行えば、より信頼関係を築きやすくなります。実際、声を掛けることが上手なオーナーさんはコミュニケーション能力も高く、お店の雰囲気も良く保たれています。

ところがオーナーさんの中には、会社で部下を持ったことがなかったり外注さんに仕事を依頼した経験がなかったりするような方がいて、こちらからコミュニケーションの取り方をお教えしないと何もしない場合があります。お店にも顔を出しませんし、店長やスタッフへのねぎらいの言葉もかけません。オーナーは出資だけすれば何もしなくていいと思っているのですね。

また、このようなオーナーさんは、人はお金さえ払えば働くものだと思っているのか、気まぐれにお店に顔を出しても、不用意な発言をして店長やスタッフのやる気をなくさせてしまうこともあります。

人は気持ちが大切です。気持ちは言葉で表すことが最も容易なのです。もちろん、態度で示しても構いません。コミュニケーションが上手なオーナーは、時には缶コーヒーを差し入れしたりして、スタッフの一層の信頼を得ています。気遣いを見せてくれるオーナーに対しては、「この人のためにも頑張ろう」と思えるものなのです。

しかしコミュニケーションを取ろうとしないオーナーに対しては「この店のオーナーは、自分では何もしないで金だけ持っていく人だ」と思われてしまいます。このような気持ちになると、スタッフは真面目に働かなくなりますし、辞める可能性も高まります。

そのようなことがあるために、コミュニケーションを疎かにするオーナーの場合はしょっちゅう求人募集を行っているのです。人が居着かないのですね。

正直なことを言いますと、資金はあってもラーメン店投資に向いていない人がいます。つまり、どうしても人とのコミュニケーションが取れない性格の人です。

ラーメン店投資は確かに投資なのですが、株式投資や不動産投資などと異なるのは、自分のお店を持てることです。ですから、自分のお店なのに単なる投資の対象としか考えられなくて、そのお店に愛着を持てなかったり、スタッフにねぎらいの気持ちを持ったりできない人はラーメン店投資には向いていないのです。

ですから私は、ラーメン店投資をしたいと相談に来られる方と面談する際には、これまでどのような仕事に携わってこられたのか、あるいはどのような人柄なのかを確かめるようにしています。そして、向いていないと判断したときは正直に「あなたは向いていませんん」と伝えるようにしています。

結局、向いていない人が投資をしても、繁盛店を育てることが難しくなるためです。せっかく投資していただくのですから、ぜひとも繁盛店を育ててビジネスを拡大させて欲しいと思います。

表1－1にオーナーの役割と店長の役割をまとめますので、それぞれの役割を把握し、しっかりできているかを定期的にチェックしてください。

表1-1　オーナーの役割と店長の役割

オーナーの役割	スタッフ（特に店長）とのコミュニケーション	スタッフはお店のエンジンです。スタッフのやる気で、お店の優劣が大きな差として出てしまいます。 オーナーの役割は、スタッフにやる気を起こさせることです。この経営者についていこう、このお店を繁盛させようという意気込みをいかに持たせるかということが大切です。
	お金の管理	お金の管理はしっかりと行います。店長に任せる方が多いのは現実ですが、信用してお金まで任せ過ぎると、出来心を起こすスタッフが出てきます。 もちろん、最初から盗むために働こうとする人はいないのですが、任せ過ぎて隙を見せると出来心が生じます。券売機の設置・防犯カメラの設置など、抑止力を持たせるような仕組み作りが必要です。
店長の役割	人員や在庫の管理	店長は、パート・アルバイトのシフトの管理、仕入れ在庫の管理をしっかりと行います。売り上げに応じて人件費が30%程度で推移しているか、原材料費が35%程度で推移しているのかなどを確認します。

4

フランチャイズ化で企業の新規事業展開も可能に

前著『誰も知らなかった ラーメン店投資家になって成功する方法』では、主に個人投資家向けにラーメン店投資の魅力や仕組みなどを説明しましたが、コロナ禍をきっかけにして法人によるラーメン店投資のご相談をいただく機会が急増しました。

そこでここでは、個人の資産形成だけではなく、フランチャイズ化による企業の新規事業展開について説明します。

ご相談に来られる法人のほとんどは、ラーメン店とはまったく関係のない飲食業や、飲食業とも関係のない業種を営んでいらっしゃいます。

このように、ラーメン店投資は、まったく異なる業種からの参入が可能ですし、むしろまったく異なる業種の法人が多角経営として参入することのほうが、経営基盤を強固にする面では好ましいともいえます。もしも現在の本業である業界が不況になったときでも、ラーメン店に投資していれば、不況の煽りを受けるリスクを回避することができます。

もう1つ、異業種からラーメン店投資を行いやすくなった背景があります。それは、修業を積んだ職人がいなくても安定したおいしさを提供できる環境と、低コストで高品質のラーメンを提供できる技術が整ったことです。以前ならスープや具を工場で作っている、いわゆる工場系ラーメン店は味がイマイチだとか個性がないなどといって、ラーメン通の人たちからはあまり評価されていませんでした。

しかし現在は、工場系ラーメンの品質も安定し、おいしいと評価されるようになりました。しかもさまざまな味を簡単に再現できるため、お店ごとの個性も出せるようになってきています。そのため、今ではラーメン通の人たちも、工場系ラーメンを高く評価するようになりました。

むしろ工場に頼らずお店でスープから作っているようなお店のほうが、訪れるタイミングが悪いと、味が不安定でおいしくないラーメンを食べさせられてしまうことすらあります。しかも、お店でスープを一から作っている場合は、その味を出すために大変な修業を積まなければなりませんし、スープ一つ作るにしても膨大な光熱費や材料費が必要になってしまいます。

このように工場系ラーメン店の評価が高まったことで、異業種からも参入しやすくなったのです。

また、フレンチやイタリアン、和食などのお店を出そうとすると、メニュー作りや仕入れ先の開拓、地域性の創造、料理人の育成、店舗のコンセプト作りなど、多くの課題が立ちはだかります。

しかし、ラーメンであれば、フレンチやイタリアンのように食材やメニューの種類が多くなく、調理方法や店舗運営、接客のオペレーションもマニュアル化ができます。また、立地選びから顧客層の調査とマーケティング、地域性や流行に沿った店舗デザインやお店にあわせた設備選び、メニュー開発、人材採用まで、一貫したお店づくりを行いやすいのです。このようなお店づくりの手法は、ラーメン店専門のプロデューサーである私が一番得意としているところです。

特にラーメンと一言で言っても、その立地で提供すべきラーメンは何なのかは重要です。豚骨系なのか中華そば系なのか、あるいは味噌系、魚介系、あるいは家系ラーメンなのか二郎系、博多系なのかなど、顧客層にあわせてさまざまな選択肢があります。

しかも、味噌系を出そうと決めれば、翌日から出せるのが工場系ラーメン店の優れた点です。

また、事業の多角化でラーメン店を展開することには他にもメリットがあります。それは他の事業に比較して初期費用が格段に少額で済む点と、立ち上げ期間が短い点です。たとえば同じ規模の飲食店でもラーメン店以外であれば2000万円必要なところ、ラーメン店なら半額の1000万円で済みます。特に良い居抜き物件を確保できれば、さらに初期費用を下げることができます。

そして工場系ラーメン店であれば、メニューの開発期間が短く、調理人にも長期間の修業が必要ありませんので、他の飲食店に比べると圧倒的に開店までの時間が短くなります。

つまり、オーナーさんが用意しなければならないのはお金とスタッフの募集だけです。

前述した通り、場所選びや店長選び、メニュー開発や店舗のデザインなど、お店のプロデユースは私が責任を持って行いますが、もちろん、すべてを私が勝手に決めてしまうわけではなく、オーナーさんの意向も十分に考慮します。

ただし、「この場所でどうしても豚骨系をやりたい」と言われても、顧客層の調査の結果、高齢者が多い住宅地であれば、「豚骨は売れませんよ」といったアドバイスはしています。つまり、成功率を高めることができます。

先日もステーキ店をフランチャイズ加盟店として3店舗経営しているオーナーさんから、ラーメン店を始めたいとの相談を受けました。ステーキ店には1店舗あたり２０００万円をかけて、計６０００万円の投資をしたにもかかわらず、売り上げに陰りが見えたためです。

そこでラーメン店の投資額をお伝えしたところ、１０００万円で立派な店舗ができることを知って驚かれていました。しかもスタートから売り上げが良いので、「もっと早く始めておくべきだった」と悔やまれていました。

ちなみにステーキ店が失敗した原因は明らかでした。店舗同士の立地が同じ商圏内であったためお客様の取り合いになってしまい、店同士で揉めてしまったことと、不用意に値上げしてしまったことによる客離れでした。

企業の新規事業として展開するのであれば、投資額も大きくなりますので、なおさら失敗できません。こういったことが起こらないように、出店前にはマーケティングに基づいた調査を行い、立地条件、顧客層にあった店舗になるようアドバイスしています。

5 成功までのさまざまな道筋

前節で法人の多角経営としてのラーメン店投資についてお話ししましたが、ここでは個人の投資家が成功するまでの道筋についてお話しします。

個人がラーメン店投資で成功するためにはいろいろな道筋が考えられますが、いずれにしても肝となるのはフランチャイザーを目指すことです。

具体的には一人ひとりの予算やスピード感などにより、さまざまなバリエーションが考えられますので、ここでは最も核となる項目のステップを紹介します。

① 1店舗を立ち上げる

まずは1店舗立ち上げて成功させます。成功というのは、安定した利益を出せる状態に持っていくことです。そして店長とスタッフのオペレーションマニュアルを作れるほどに模範となるべきオペレーションを定着させ、人材を育てます。

② 多店舗展開を行う

1店舗目で確立したノウハウを元に、2店目、3店目を開店します。1人で管理できる店舗数の限界は、5店舗までが目安です。さらに店舗を増やしていくためには、店舗運営を任せられる人材の育成が必要となります。

③人材を育て、組織を作る

多店舗展開やフランチャイズ展開の準備として、新規オープン店舗のスタッフを指導したり、お店を管理したりすることができる信頼のおける人材を育てておきます。また、オペレーションマニュアルも整備しておきます。

スタッフの中から新規店舗の店長を抜擢できるようにすれば、他のスタッフの励みにもなりますし、多店舗展開時の店長を確保する仕組みが作れます。

多店舗を運営するためには、しっかりとした組織を作る必要があります。どのような立場の人が必要であるかは後述します。

④専用のホームページを開設し、フランチャイズ加盟店を募集する

店舗運営のノウハウやスタッフのオペレーションマニュアルが整備されたら、オーナーはフランチャイザーとなり、加盟店を募集します。

フランチャイズ店が繁盛していることを伝えられるホームページを開設して、フランチ

ャイズ加盟店のさらなる増加を目指します。

⑤10～20店舗を目指す

2店舗目、3店舗目が回り始めれば、あとは比較的容易に店舗を増やしていけます。ただし、売り上げは店舗の規模や立地により異なりますので、何店舗あれば十分という基準はありません。おおまかな目安として10～20店舗を目指します。

6 個人店でも勝てるのが〝ラーメン〟

飲食店の中でもラーメン店には特有の特徴があります。それはナショナルチェーン店が必ずしも強いとはいえないことです。たとえば、牛丼店といえば、やはり吉野家、すき家、松屋などのナショナルチェーンのブランド力が強く、人気があります。低価格と味が安定している安心感があります。

ですから、こうした中に私が個人の店で「牛丼藏本」を開店したとしても、よほど変わったことをしなければ、おそらくお客様はそれほど来店されないでしょう。おいしいのかどうか分かりませんし、ぼったくられるかもしれないと不安になるためです。

ところがラーメン店に関しては、もちろんナショナルチェーンである幸楽苑や日高屋は集客力がありますが、ここにたとえば「藏本ラーメン」を出すと、かえって個人のお店のほうが、お客様が来てくれる場合が多いのです。行列ができることすらあります。路地裏の名店が多いのもラーメン店の特徴です。

つまり、ラーメン店は個人でも十分に勝機を得られるのですね。ラーメンであれば、それほど突飛な値段ではないだろうということや、個人のほうが、ラーメンというベースを元にプラスアルファのこだわりのおいしさを提供してくれるかもしれないという期待感があります。

これはおそらくラーメン特有の文化なのではないかと思います。これが牛丼であれば人々が想像する味やメニューのバリエーションはそんなにないと思われますが、ラーメンとなると、幅広いバリエーションを想像できるという文化ですね。

もともとラーメンにはベースとなる味だけでも味噌系、塩系、豚骨系、醤油系、魚介系などのバリエーションがあり、それぞれがさらにバリエーションを持っています。また、常に新しい味付けやトッピングなどが開発されているのもラーメン文化の特徴です。ですから、お客様は個人のお店でも、いや、むしろ個人のお店だからこそ、何か新しい発見があるかもしれないと期待するのでしょう。

さらに、ラーメンは外国人にとっても日本を訪れたときの楽しみとなっています。ラーメン店は海外にもあるのですが、未だに味は日本国内のラーメンに追いつけません。格段の差があります。

このことをSNSなどで知っている外国人は、来日するとこぞって話題になっているラーメン店を探すのです。

このようにラーメン店は、他の飲食店とは違って個人でも独自のブランドづくりが可能なのです。

7 金脈を掘り当てるように、いきなり人気店が手に入ることも！

ラーメン店投資を行うに当たっては、事前に立地条件や顧客層の調査、店舗規模などから売り上げの予想を立てて、これなら十分に利益が見込めるだろうと判断します。ところが年に一度ほど、嬉しい誤算が生じることがあります。予想を超えた繁盛ぶりを示す店が出てくるのです。

最近の例では、家賃や経費などから月商230万円以上あれば十分な利益が得られると判断し、実際には月商400万円を見込めると踏んで開店した店舗があったのですが、ふたを開けてみたら予想を遥かに上回る、月商900万円をたたき出しました（図1－1）。

しかも、開店時のご祝儀売り上げではなく、その後も高収益を維持している超優良店と

図1－1　予想を超えた繁盛ぶりで嬉しい誤算

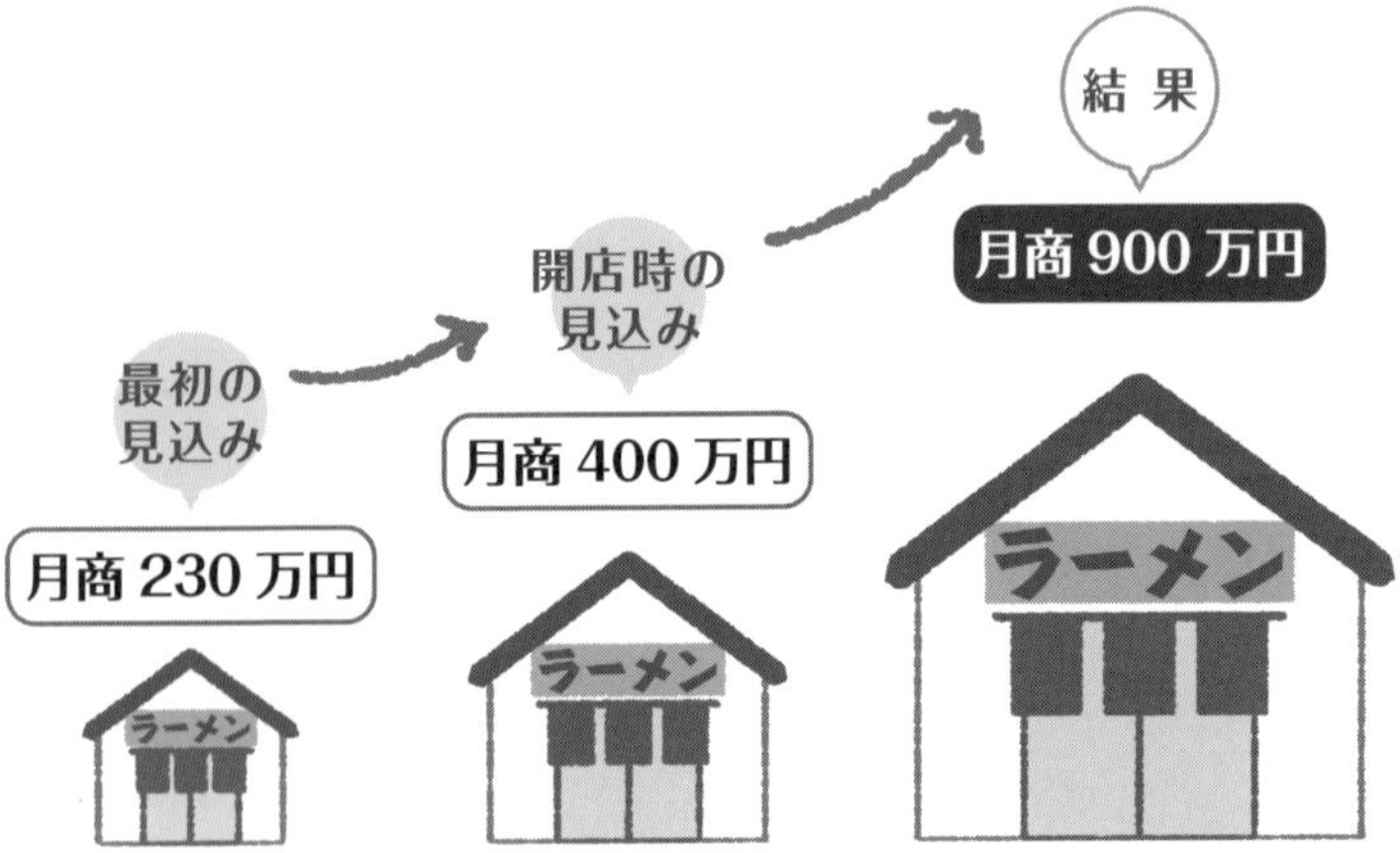

なったのです。このようなときは店舗前にできたお客様の行列を見ながら私もオーナーさんとハイタッチしたい気分になります。

このお店の周りは田んぼしかなく、国道沿いでもなければ、観光地でもありません。しかし、約30台停められる駐車場のおかげで入りやすいためか、たくさんの（おそらく）地元のお客様が来店されています。

また、細麺を使っているため、ゆで時間が短いことで、予想を超えた来客数にも素早く対応することができ、その結果、回転率を上げることが可能となり、目標の倍以上の来客数にも対応できたのです。

このように、ラーメン店に限らず飲食店で

は、予想を遥かに上回る売り上げをたたき出す店舗がまれに現れます。このようなときは、「金脈を掘り当てた！」と嬉しくなります。しかも、この現象はどれほどの経験を積んでも予測できるようにはなりません。

一方、開店してみたら当初見込んでいた売り上げに届かないということもまれにありま す。ほとんどの原因は、オーナーさんが独断で店づくりやメニュー、味付けなどを決めてしまったことにあります。また、スタッフの接客態度に問題があるなどでお客様が逃げてしまうこともあります。

このように売り上げが見込み額に届かないときは原因が分かっていますので、対処方法も明らかです。ただ、一度評判を悪くしてしまったお店を立て直すのは、方法はあっても時間とコストが余計に掛かってしまうことに注意すべきです。

お店を立て直すことができたオーナーさんは、皆、素直にアドバイスを受け止め、行動に移した方ばかりです。素直さと実行力が成否を分けるポイントだと思います。

COLUMN 1

ラーメン店投資との出合い

私がまだ自分でラーメン店を直接経営していてラーメンプロデューサーを始めていなかった頃、知人に不動産投資をやっているという人たちがいました。その人たちの話を聞くと、空いている土地にコンビニエンスストアやファミリーレストランを誘致できなかった場合はラーメン店を始めるのだと言います。

そのような話を聞いているうちに、どうやら不動産投資とラーメン店は相性がとても良いらしいと思い始めました。それなら、最初からラーメン店を開店することを目指す「ラーメン店投資」があってもいいのではないだろうか、と思ったのです。

といっても、私自身はすぐに投資を始めたわけではありません。当時は自分のラーメン店を切り盛りして繁盛させていたので、その評判が人伝に広がり、あちらこちらのラーメン店から売り上げを伸ばすための助言と指導をして欲しいと依頼されることが増えていきました。その流れでラーメンプロデューサーとして活動する機会も増えていきました。

そのようなときに、外資系大手の証券会社に勤めている40代会社員の知り合いが、副業でラーメン店のオーナーになりたいというので開店までを手伝ったところ、非常にうまくいきました。

するとその方から、

「うちぐらいの会社の社員だったら1000万円くらいならすぐに投資できる人がたくさんいるんだよ。その中には飲食店のオーナーもやってみたいっていう知人もいっぱいいるので、教えてあげてくれないか」

と頼まれました。

それではやってみましょう、ということで、まずは3人の会社員の方たちを紹介されました。その方たちは既に不動産投資も手がけていたのですが、もっとリターンが大きい実業家になりたいのだと言います。それで自分のお店を持ちたいというのですね。

このような需要があることを知らされてあらためて、ラーメンプロデューサーという仕事が成り立つのだと気付きました。

これが、私がラーメン店投資のプロデュースを手がけるようになったきっかけでした。

第2章

ラーメン店投資を始めるための基礎知識

1 ラーメン店投資の仕組み

ラーメン店投資といっても、どうしてもラーメン店の店長として切り盛りしてしまうイメージを浮かべてしまう人がいます。あくまで投資ですので、厨房に立つのではなくオーナーになるのだということを、あらためて理解していただきたいと思います。

ここでは、ラーメン店投資のビジネスモデルについて解説します（図2－1）。

まず、投資家さんはお店の開店資金と運用資金を出資します。開店資金とは、物件取得費（不動産の賃貸契約）や、内装・外装工事費、厨房設備費のことで、運用資金とは、資金繰りの費用や、広告宣伝費、スタッフの人件費、食材・備品の仕入費といった、開店後3カ月程度の万が一のときのための準備金のことです。開店当初の運転資金というイメージです。

図2−1　ラーメン店投資のビジネスモデル

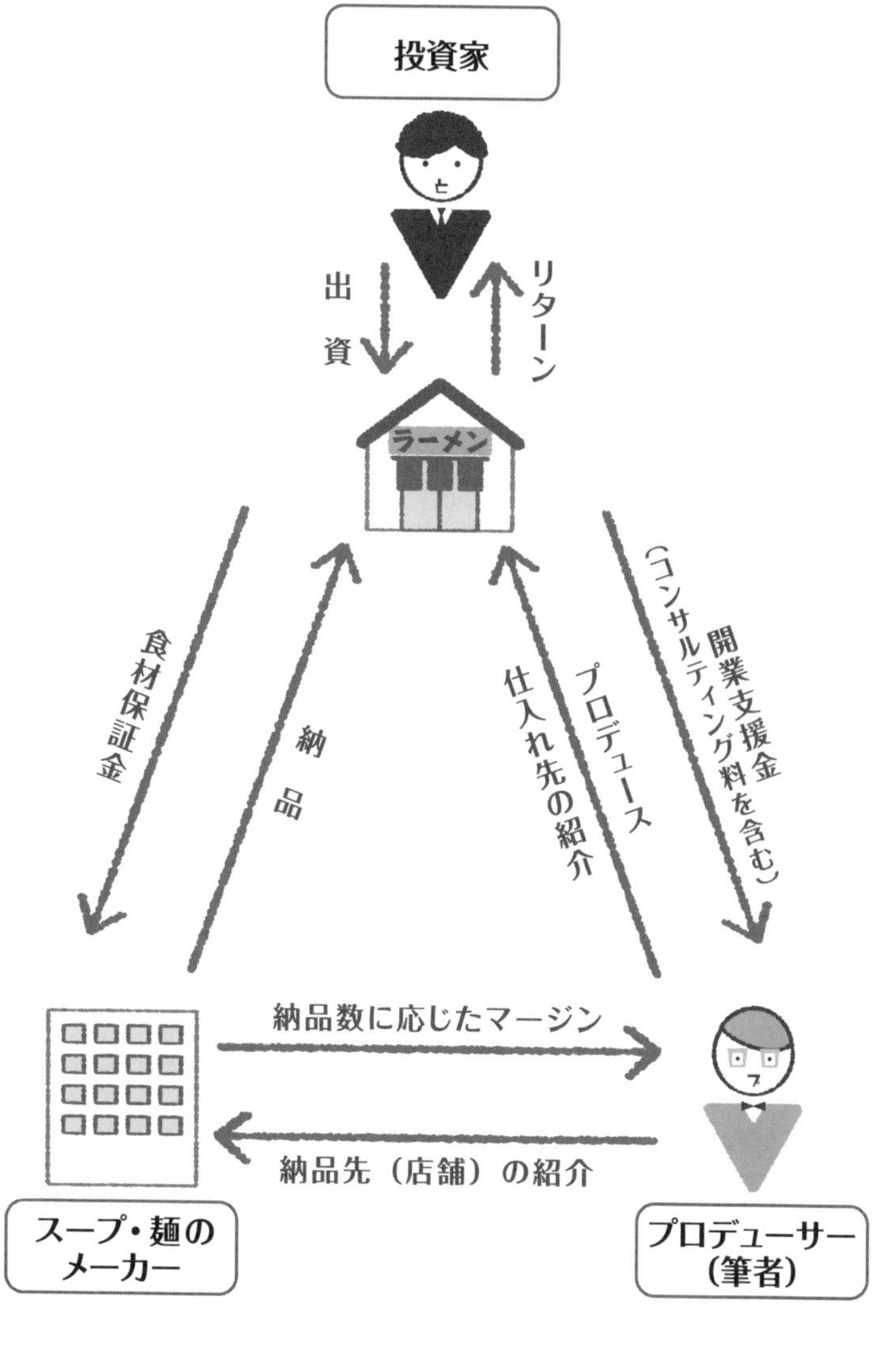

投資金額は、物件の価格やどんなお店にするかによって変わってきますが、おおよそ500万〜1000万円程度を見ておくとよいでしょう。

立地選びから店舗デザイン、店長およびスタッフ募集、宣伝広告やホームページ開設などについては、出資者であるオーナーさんに主体的に関わっていただくのですが、マーケティング調査やこれまでの経験・実績をもとにプロデューサーである私が適宜アドバイスをしながら進めていきます。また、店長やスタッフへの初期指導は私が主導で行います。

開業支援金（コンサルティング料含む）には、物件選定のための現地視察の経費や、スープ・麺の開発費、工事業者・厨房設備業者との打ち合わせ費用、食材メーカーとの使用食材・価格の打ち合わせ、店舗の工事中の視察・工事の完了の視察チェック・オープン2日間のオープニングサポート費用が含まれています。

お店のコンセプトは一緒に決めていきますので、立地・顧客層に合わせたお店づくり、メニューづくりが可能です（私に丸投げしていただくことも可能です）。

スープ・麺のメーカーには、食材保証金を預けます。食材保証金は取引を終了したときに問題がなければ返金されますが、メーカーへの支払いが滞ったときには、ここから代金が引かれます。

お店の運営が始まったら、スープと麺などを私が指定するメーカーから仕入れていただきます。このとき、仕入れた金額に応じて、メーカーから私にバックマージンが支払われます。お店の開店後は、これが私の主な収入となるため、投資家さんからは最初の開業支援金以外はいただきません。

2 儲かるラーメン店は立地で8割決まる

ラーメン投資で最も重要なのは立地条件です。ラーメン店の売り上げは座席数や味、品揃え、スタッフの接客姿勢など、さまざまな要因の影響を受けますが、最も売り上げを左右するのは立地です。

飲食店に有利な立地というと、多くの人は駅前や繁華街、ショッピングモール内などを思い浮かべると思いますが、実はこれらの立地では競争が激しく、家賃などの経費も大きくなるため、必ずしも良い立地であるとはいえません。

むしろ、周辺に競合となる飲食店がない寂しい所のほうが儲けやすい場合が多いのです。そのような立地条件を私は「空白地帯」と呼んでいます。駅に近い必要もありません。都市部である必要もありません。むしろ郊外や地方に「空白地帯」が多いのです。


これはラーメン店の特徴ですが、何もない田舎にぽつんとフレンチやイタリアンのお店があっても少し警戒してしまいます。しかし、ラーメン店ですと、気軽に入れます。

そして駅もないような「空白地帯」では、車で来られるお客様がターゲットになりますから、駐車場は必須となります。また、必ずしも車線数の多い幹線道路沿いである必要はありません。交通量が多ければ、ローカルな細い道沿いでも構わないのです。

ですから、たまたま「自分が所有している土地や建物を活用したい」と相談に来られたときには慎重になります。せっかく持っている土地だから活用したいという気持ちは分かりますが、ラーメン店の立地条件としてふさわしくない場合は、あえて他の土地を借りることをお勧めする場合もあります。儲からない場所にお店を構えても、投資の回収が難しくなるためです。

幸い、ラーメン店投資の相談に来られる方のほとんどは、土地を決めていない状態で来られますので、儲かる土地を探すところからお任せいただけるケースがほとんどです。そして、そのほうが、投資は成功しやすくなります。

私のもとには不動産会社やサブリース（転貸）会社、あるいはショッピングモールの運営会社から、土地や空き物件、空きテナントの情報が集まってきます。これは、〝蔵本に利用させると儲かる〟と信頼していただいているためです。特に居抜き物件は投資額を抑えることができますので、とても貴重な情報となります。

ですから、投資家さんが気軽に様子を見に行ける距離や日頃の行動範囲の中で、立地条件の良い土地や空き物件を探すことができます。

ただ、ショッピングモールの場合は注意が必要です。レストランコーナーの場合でもフードコートの場合でも、お店の営業時間がショッピングモールの営業時間の制約を受けてしまうためです。

特にラーメンは夜遅い時間帯に食べたくなるお客様も多いので、午後9時や10時に閉めなければならないショッピングモールでは、それでも儲かるかどうかを判断する必要があります。

一方、ショッピングモールは集客力があります。ラーメン店が独自に集客しなくても、たくさんのお客様を集めてくれる点では心強いものがあります。また、ショッピングモール側でラーメン店同士がバッティングしないように配慮してくれているかどうかの確認も必要です。あえて競合店を並ばせて競わせる可能性もないとはいえません。

したがって、ショッピングモールの場合はメリットとデメリットを比較し、メリットが上回っていれば出店を決めます。

先ほど投資家さん、つまりオーナーさんが気軽に様子を見に行ける所とお伝えしましたが、これは重要です。私はオーナーさんに、「お店が営業を始めたら、できれば3日に一度、あるいは少なくとも週に一度はお店に顔を出してください」とお願いしています。

そのため、お店の場所がオーナーさんの生活圏から極端に離れた所ではよくないと考えています。離れていると、顔を出すことがだんだん億劫になってしまうためです。できれば、通勤途上など、普段から立ち寄りやすい場所がいいでしょう。

オーナーさんが顔を出さなくなると、店長やスタッフも緊張感がなくなってきますし、そのうち、売り上げもあまり気にしないようになってしまいます。また、セキュリティーの面からも、現金の回収などはスタッフに任せきりにしないように注意すべきです。

実際の切り盛りは店長に任せるにしても、オーナーさんがこまめに様子を見に来ているということがなくなると、お店がだらしなくなっていく場合がありますので、注意したいところです。

3 人気店になる物件の見極め方

ラーメン店投資を行いたいというオーナーさんが相談に来られたら、私が最初に行うのは物件探しです。そのために、オーナーさんの居住地域や行動範囲の中で候補物件があるかどうかを確認します。

このとき、特にオーナーさんから店舗を新築で建てたいという強い要望がなければ、基本的に居抜き物件を探すことにしています。

しかし、特別に良い立地条件の場所が見つかったにもかかわらず居抜き物件がなかった場合は、新築で店舗を建てるかどうかをオーナーさんと相談することになります。というのも、居抜き物件があれば工事費は６００万〜７００万円で済むところが、新築になると１０００万円を超えてしまう可能性があるためです。

もし、予算上問題ないということであれば、新築の店舗を建てることを前提にその場所を押さえますが、予算上無理だということであれば、あらためて居抜き物件を探し直すことになります。

居抜き物件を活用する場合のメリットは、工事費を低く抑えられるだけではなく、開店までの期間が相当に圧縮できることです。

工事期間が短くなるだけでなく、一度は保健所の審査をクリアしている物件ですので、ラーメン店として再利用する際の審査も通りやすくなります。もし指導が入ったとしても、一部の修正で済む場合がほとんどです。

ところが新築物件の場合は、審査に落ちる可能性が高くなることと、場合によっては全面的な工事のやり直しが必要になる可能性もゼロではありません。特に設計士がラーメン店に慣れていない場合は、審査に落ちる確率が高まりますので、新築の場合は必ずラーメン店を建てた実績が豊富な工務店に依頼する必要があります。

私がプロデュースする場合は、ラーメン店ばかり建ててきた実績が豊富な工務店に依頼するので、ほぼ１００％審査に合格しています。

さらに、新築ですとその場所に初めて飲食店が開店することになるので、近隣住人から理解を得るために説明会を開いたり、個別に説明したりする必要があります。場合によっては、受け入れていただけない場合もあります。

一方、居抜き物件の場合は、既にそこで飲食店が営まれていたので、あらためて近隣の住人への説明会などを開く必要がありません。もちろん、挨拶をしておけば心証は良くなるでしょう。

物件が決まったら、地域の顧客層の調査を行い、お店のコンセプトやメニューを決めます。たとえば古い住宅地で高齢者が多い地域であれば、濃厚な豚骨系は避けて中華そば系にするなどです。また、ファミリー層が多いことが分かれば、店内の広さにも寄りますが、「小上がり」や「スキップフロア」と呼ばれる一段高いスペースを設けると喜ばれます。小上がりとは、土間より少し高くなった靴を脱いで上がる座敷で、ふすまのような仕切りがないスペースのことです。

4 お店のコンセプトを決める

お店のコンセプトには店舗の内装やメニューも含まれますので、コンセプトを決めるに当たっては、消費者のトレンドや土地柄、地産地消の食材を取り入れるかどうかなどを考癒し、十分に検討します。

ラーメンにトレンドがあるの？　と思われるかもしれませんが、実はあります。

たとえば前著『誰も知らなかった ラーメン店投資家になって成功する方法』が出版された2019年当時は家系ラーメンが流行っていましたので、私も家系ラーメンを盛んにプロデュースしていました。


しかし現在では、家系ラーメンが乱立状態となり、お客様も飽きてきてしまったので、現在は京都ラーメンのプロデュースが中心になっています。

たとえば、同じ豚骨系でも家系ラーメンの場合は、背脂をミキサーにかけて白濁したスープにします。しかし京都ラーメンでは、背脂を網で濾して透き通ったスープにぶつぶつした脂が浮いているような状態にします。

ですから、同じ豚骨系でも京都ラーメンは味がすっきりしていて、若者だけでなく高齢者にもおいしく食べていただきやすいのです。しかも細麺ですから、さらに食べやすくなります。

また土地柄というのは、その立地ならどのようなお客様の層が主流になるのかによって、メニューを考えるべきということです。大きくは「サラリーマン層」なのか「ファミリー層」なのか。「若年層」なのか「年配者層」なのかで変えていきます。

また、土地柄をより強く出すために、スープや具材にその土地の名産を取り入れるコンセプトを立てることもあります。たとえば、青森県八戸市に「だし拉麺きんざん」というラーメン店があります。創業70年の出汁《だし》専門店の3代目店主が出しているラーメン店です。

このお店は飲食店などなにもない漁港にあります。つまり、空白地帯です。元は煮干しや鰹節、昆布などを扱っているお店でしたが、多角経営としてラーメン店を出したいというご依頼をいただきました。その際、本業で扱っている出汁を使ったラーメンを出したいというコンセプトがあったのです。

しかし、一からスープを作っていたのでは味が不安定になりますし、光熱費や人件費もかかります。そこでベースのスープは工場で作り、水の代わりに出汁を入れることにしました。

これは地元の素材や本業の資産をうまく活用したコンセプトのラーメン店となっています。このように、地元の名産をラーメンに取り入れることは難しいことではありません。

現在、国会議員の石破茂さんが自民党有志議員を中心とした「ラーメン文化振興議員連盟（ラーメン議連）」の会長として、地方創生にラーメンを活用しようとされています。

この発想は私も既に持っていましたので、地域の特色を出すラーメンの開発の要請があれば積極的に協力したいと考えています。

このような活動は投資家にとって直接利益があるわけではありませんが、どうせ投資をするのであれば、地域にも貢献しているコンセプトのお店を出せれば、より自分のビジネスに愛着を持てるでしょう。

このようにしてお客様の層やメニューなどのコンセプトが決まってくれば、店舗の外装や内装、看板のデザインも決まってきます。たとえば家系のイメージなら赤系の看板にする、二郎系のイメージなら黄色系の看板にするなどです。

また、内装だけでなくテーブルのデザインもお店のコンセプトに合わせて決めていきます。たとえば、先ほどの出汁を使ったラーメン店であれば、和風の内装に木目調のテーブルを揃えるなどします。

お店のコンセプトについては、オーナーさんのご要望があればお伺いし、特になければ私からご提案します。多くの場合はお任せいただいています。

5 内装、設備のポイント

飲食店というと「現金商売」と呼ばれて、代金をレジで受け取るイメージが強いのですが、今は必ず券売機を設置します。理由の1つは既にお話ししましたように、スタッフが多額の現金に触れる機会を減らすことが、セキュリティー対策となるためです。

もう1つの理由は、コロナ禍により非接触の会計方法（キャッシュレス化）が主流となり、クレジットカードや交通系ＩＣカード、電子マネーなどへの対応が必須になっていることが挙げられます。

他の設備としては厨房で使用する調理機器は当然必要になります。ゆで麺機やガスコンロなど一通り揃える必要があります。

以前は居抜き物件であれば調理機器も引き継げることがありましたが、最近では期待できません。調理機器がお金になることが知られてきたので、売却されてしまうことが多いためです。現在は厨房で必要な機器の中古販売店があるので、中古品で揃えれば初期費用を抑えることができます。

ここでは詳細の説明は省きますが、実際に店舗を構えるときには、調理機器だけでなく、細かな器具もそのお店にあわせて一つひとつ選ぶ必要があります。

たとえば鍋の大きさ一つ取っても、見込まれる来客数により変わってきますし、機器もどのようなスープを提供するのかによって変わってきます。

内装については既にお話ししました通り、お店のコンセプトにより設計内容が変わってきますが、必要な建材や設備などはラーメン店の内装の実績が豊富な業者に任せることが大切です。ラーメン店に慣れていない工務店に任せてしまうと、調理場の規模にそぐわない換気設備を入れて気圧が下がりすぎて入り口のドアの開閉が困難になったり、排水時に油をためるグリストラップが設置されていなかったりするといった不具合が生じる可能性が大きくなります。

グリストラップは、排水口を油で詰まらせないためのろ過装置として、厨房の床に設置される排水用のU字溝に取り付ける設備です。そこにたまった油は毎日取り除く必要があります。ラーメン店に慣れていない工務店では、ほぼ取り付け漏れが生じます。

グリストラップが取り付けられていないと、配水管が油脂で詰まってしまいます。特に冬はすぐに詰まってしまいます。ところがグリストラップは保健所の審査対象には含まれていないラーメン店独自の設備であるため、たとえ飲食店の施工実績がある工務店でも、ラーメン店には取り付けなければならないことを知らない場合が多いのです。

厨房の設備に関するメンテナンスは、全国規模で修理対応しているメーカーと契約しておく必要があります。地域によってはすぐに駆けつけてくれなかったり、特別料金を取ったりするような修理業者しかいないので、いざというときにお店の運営に支障を来してしまいます。

ただしメンテナンス費は初期費用には含めません。これは売り上げの中でまかなうことになります。よほど大がかりな修理や交換が必要でない限りは、それほど大きな金額はかからないのが一般的です。

一つ注意したいのが、エアコン設備です。エアコン設備は店内の広さに合わせることになりますが、ラーメン店の場合は通常の1・5倍ほどの容量を想定しておかないと、調理場の熱のせいで夏場にお客様が食事をしていられないほど店内が暑くなってしまいます。

6 資金調達のコツ

ラーメン店に投資するにあたり、「いくら用意すればよいですか？」と質問をされたときには、「理想としては1000万円前後あると余裕を持って開店できます」とお答えしています。しかし、出資可能な金額は人によって異なります。

ですから、実際には５００万円しかないということであれば、５００万円で開店できる提案を、８００万円用意できるのであれば、８００万円を効果的に使った提案をするといった具合に、予算に応じて柔軟に提案をさせていただいています。

もちろん、投資できる金額が多いほど、より良い立地条件を選べますし店舗の規模も大きくできます。

だからといって、お金をかければかけるだけ良いのかというと、そうではありません。投資額が大きすぎると、回収期間が延びてしまいます。回収は早いに越したことはないので、投資家さんにはできるだけ投資額を抑えられるような提案を心掛けてはいます。

一方、手元に資金がないのだけれども、将来のことを考えて今から投資しておきたいという方もいらっしゃいます。ラーメン店投資は、つまりは飲食店という事業を立ち上げるわけですから、当然融資を受けて投資することも可能です。

実際、私がプロデュースしたラーメン店にも、金融機関などからの融資を受けて資金調達をした例は多くあります。

最もオーソドックスな資金調達の方法は、日本政策金融公庫や地元の銀行、信用金庫などから融資を受ける方法です。

この場合、融資を受けやすくするように、厨房の設備なども買い取るのではなくリースを組むことで、リースの組めない工事費などにできるだけ初期費用を回すようにします。

もし、日本政策金融公庫や地元の銀行、信用金庫などからの融資の審査で落ちてしまった場合は、私もプロデュースをお断りしています。これらの機関から融資を断られた場合には、今は無理をしないほうが良いときだと考えるからです。

金融機関は、ただ「ラーメン店を始めるので融資をして欲しい」と言っても受け付けてくれません。このときには売り上げの試算表やシミュレーションとしての事業計画書が必要です。細かくいうと、日商と月商目標、回転率、収支シミュレーションですね。ただ、飲食店の経営経験がない人には手に負えませんので、これらの資料作成については、私がサポートしています。

また、言葉遣いで気を付けなければならないのは「ラーメン店投資」のために融資してください、と言わないことです。金融機関としても「投資」目的ではお金を貸しにくいためです。ですから、金融機関に融資の申請を行う際には、「ラーメン店の開業資金」という言葉を使うようにしてください。実態は同じなのですが、金融機関としては「投資の種銭」には融資できませんが、「事業資金」になら融資することは本来の業務になります。

融資の申請先としては、以前は日本政策金融公庫がお勧めでしたが、コロナ禍で多くの貸し倒れが生じたためか、審査が厳しくなっているように感じます。そこで次にお勧めなのは、地元の信用金庫で、その次がやはり地元の銀行となります。

メガバンクは難しいでしょう。やはり地域密着型の信用金庫や銀行のほうが、地元で事業を立ち上げようとしている人を支援する姿勢を持っていますので、親身になって検討してくれます。

いずれにしても、飲食店の開店資金のための融資を受けたことがない人は、すべてを自力で行うのは難しいと思いますので、プロの手を借りるのも一案です。

一方、既に飲食店を経営している人ならば融資を受けることが容易かというと、実は注意点があります。既に経営している事業が黒字であれば追加融資を受けることは容易になりますが、既存事業が赤字の場合には難しくなります。

金融機関としては、既存事業がうまくいっていないのにどうして次の事業がうまくいくのか説得力のある根拠を示して欲しい、となります。そこで次の事業では私のような専門家のコンサルティングを受けるから大丈夫だと言っても、それならまず既存事業のコンサルティングを受けてください、と言われてしまいます。

そのため、実は飲食店未経験の人のほうが、融資を受けやすいと言えます。

7 開店までにやるべき準備

いよいよお店をオープンすることが決まりましたら、開店の準備を始めます。ここではオーナーさんが直接関わる必要がある開店準備についてお話しします。

①スタッフの採用

店長とスタッフとなるアルバイトやパートさんたちを集めます。お店のコンセプトが決まり、店舗の規模が決まれば、必要なスタッフの数も決まってきます。

人員の募集はタウンワークやIndeedなどの求人サイトを利用します。募集要項（求人の原稿）については、キャッチーであると同時に、きちんとした人が応募してくれるような内容を記載します。

労働条件について明記するのはもちろんのこと、特に強調するのは「オープニングスタッフ」であることです。既に先輩やベテランがいて、人間関係ができあがっているお店のスタッフに加わることはかなり抵抗があるものなのですが、全員が一斉にスタートを切れる環境であれば、応募する側にとっては魅力的です。そのため、「オープニングスタッフ募集」と明記することで、人員が集まりやすくなります。

他にもお店のコンセプトやオーナーさんの考え方によりますが、少しでも禁止事項を取り払ってあげると若い人が応募しやすくなります。たとえば髪型や髪色は自由であるとか、ネイルOKなどです。

もちろん、お店のコンセプトに合わせて禁止事項を加えても構いませんが、禁止事項が多くなるほど人は集まりにくいことを知っておいてください。

ちなみにユニフォームはできるだけ作ることを勧めています。Ｔシャツやポロシャツでも構いません。スタッフがお店のロゴなどが入っている統一されたデザインのものを着用していると、お客様の印象が良くなりますし、スタッフ同士にも同じチームであるという連帯感が生まれやすくなります。

②食材の調達

材料などの物資の調達については、私が提携するスープや麺、具材などのメーカーから仕入れることができますので、食材の仕入先で悩むことはありません。

ただし、地産地消の食材を使いたい場合はメーカーと相談することになります。メーカーで対応できる場合は一括して仕入れることができますが、メーカーで対応できない場合は、独自に仕入ルートを確保する必要があります。

③広告宣伝

お店がオープンしたことを多くの方に知っていただくために、広告宣伝活動を行います。広告宣伝費は別途費用がかかりますが、予算に応じて効果的な広告宣伝の手法はあります。このときに必ず押さえておくべきなのは、新聞への折り込みチラシです。

◆新聞への折り込みチラシ

昨今では新聞の購読者は減っているとはいえ、地域密着型の広告効果では、相変わらず折り込みチラシの効果は大きいのです。配布量はお店からの半径距離で決めるのではなく、部数で決めます。具体的には2万部配布することをアドバイスしています。

折り込みチラシの集客率は2～3％といわれていますので、2万部配布すれば400～600人の集客が見込めます。折り込みチラシの部数は多すぎてもいけません。一度に集客しすぎるとお店のキャパオーバーになってしまうためです。

また、折り込みチラシを入れるなら、新聞は読売新聞や朝日新聞だと思われる方が多いのですが、実は日本経済新聞がお勧めです。なぜなら、日本経済新聞は会社単位で購読されていることが多いためです。

会社に配布されると、折り込みチラシを複数の人が見る可能性が高くなり、口コミで社内に情報が広がる効果も見込めます。ですので、まずは日本経済新聞、予算が余ったら、読売新聞や朝日新聞に入れるのが効果的です。

ポスティングを行うかどうかはオーナーさんの判断にお任せしています。もちろん、やらないよりやったほうが良いのですが、ここは予算との兼ね合いになります。

◆SNS、LINE公式アカウント、インターネット広告

Instagram やFacebook やX（旧 Twitter）などSNSでの告知は今では必須ですが、オーナーさんによっては苦手意識があり、避けている方もいます。これは非常にもったいないことです。
LINEの公式アカウントはぜひ用意してください。みなさん Instagram は始められるのですが、LINEの公式アカウントをなかなか取得してくださいません。しかし、Instagram は来店される可能性がない方たちでもフォローされるのに対して、LINEの公式アカウントのフォロワーは実際に来店されてQRコードを読み取った方たちとなりま

す。

このようにしてフォロワーになった方は、リピーターになってくれますので、期間限定メニューのお知らせなどのイベントを告知すると、来店する確率が非常に高くなります。具体的には1店舗で2000人前後のフォロワーができれば、もう、折り込みチラシなどは必要なくなります。それほど効果的でありながら公式アカウントは無料で取得できますので、利用しないのは非常にもったいないと言えます。

インターネット上の有料の広告（リスティング広告やバナー広告など）はやってもやらなくても構いません。これらの広告は、オープン時の広告としてどの程度の費用対効果が見込めるか分からないためです。もし、予算に余裕があるのであれば、折り込みチラシやポスティングなど、地域密着型の広告に投入したほうが堅実です。

④ホームページの開設

お店のホームページは必ず開設してください。今時はホームページで店舗の位置やメニュー、店内の雰囲気などを確認してから来店されるお客様も多くなっています。ホームページがないと、不安で来られないお客様もいるのです。

　また、スタッフの求人を行う際にもホームページへのリンクがあるかないかでは、応募者数に開きが出ます。やはりホームページで情報を公開しているお店の求人のほうが、圧倒的に安心して応募できます。

　さらに、英語のページを用意しておくとより効果的です。

インバウンドを取り込むのであれば、英語のページがあれば訪日外国人のお客様も来やすいですし、彼・彼女らは来店後にホームページのURLを世界中に拡散してくれます。

訪日外国人が評価しているお店であれば、来日した際にはぜひ行ってみよう、と思うのです。

8

店舗運営で起こりがちなトラブルと対処法

お店がオープンして運営が始まると、起こりがちなトラブルがあります。ここでは、特に起こりやすいトラブルへの対処方法についてお話しします。

①店長の資質に問題があった場合

店長にお店を切り盛りする能力がなかったり、真面目さがなかったりすることが採用後に判明した場合です。一度採用すると、簡単に解雇することができませんので、根気よく店長の仕事を教えていくしかありません。

ただ、能力や性格は教えてもどうにもならないことも多いので、やはり採用の段階で優秀な人材を慎重に見極める必要があります。

店長に誰を選ぶかはその後のお店の運営上、非常に重要なことですので、オーナーさんの知人で時間のとれる人がいるから、といった安易な人選は避けるべきです。その知人がたまたまラーメン店の店長経験者であれば検討の余地はありますが、これまでの私の経験から、知人を店長に据えた場合はほとんどうまくいきませんでした。

店長の教育には私も関わるため、店長の採用もお手伝いしています。書類選考などの1次選考の段階ではオーナーさんに絞り込んでいただきますが、2次選考の面接では私も同席させていただくようにしています。

一方、スタッフの人選はオーナーさんにお任せしています。こちらは店長の指示で動くアルバイトやパートの方々ですから、スキルよりも真面目さや誠実さで選ぶとよいでしょう。

②調理機器等の故障

冷蔵庫やガスコンロ、厨房機器などの故障については、メーカーさんにお任せするしかありませんので、店舗のある地域でも迅速に対応してくれるメーカーさんをあらかじめ確保しておく必要があります。

また、日頃から、調理機器等は丁寧に扱い、手入れをしておきましょう。些細な不調があればすぐに、メンテナンスに来てもらい、大きな故障になる前に点検してもらうようにします。

③お金の扱い

これまで繰り返しお伝えした通り、お金に関するトラブルはラーメン店に限らず現金を扱う飲食店では付きものといえます。

採用時にどれほど誠実で真面目そうなスタッフを選んだとしても、一日中現金が入ってくるところを見ていると、人は魔が差すことがあるものです。これだけお金があるのだから、1万円札や5000円札の1枚くらい盗んでも分からないだろうと思うようになってしまうのです。

さすがに1万円札や5000円札が盗まれると気付きやすいですが、1000円札を1日に1枚ずつ抜き取られると、なかなか気付きにくいものです。もし毎日1000円ずつ抜き取られたら、1カ月で3万円にもなりますから、盗んだ側にとってはよいお小遣いかもしれませんが、盗まれたほうにとっては大きな損失です。

このトラブルを避けるためには、現金の扱いをスタッフに任せすぎないことです。3日に一度など、オーナーができるだけ頻繁にお店に顔を出して現金を管理し、「お店の切り盛りは任せるけれども、現金の管理は任せていないからね」という姿勢を見せるだけでも、スタッフの緊張感が保てます。

可能であれば、毎日その日の売り上げはその日のうちに伝票と照らし合わせて回収することが望ましいでしょう。ですから、店舗はオーナーの生活圏にあることが理想的なのです。

お金に関するより確実な管理方法は、券売機を導入して、スタッフが現金に触れずに済む仕組みにすることです。この場合でも、券売機に貯まった現金はこまめに回収すべきです。また、キャッシュレス化も進めることで、店内の現金を減らすことができ、トラブルの抑止効果があります。

9 人気店に成長させるポイント

投資してオープンした店ですから、必ず人気店にしたいところです。ラーメン店に限らず飲食店を人気店にするには、おいしい料理を出してさえいればいいわけではありません。人気店になるためには、ご自身のこだわりを捨てることが大切です。もちろん、こだわりを持つことは誰にでもありますし、持つこと自体は悪くありませんが、ご自身のこだわりだけで突き進んでしまった結果、失敗してしまった例をいくつも見てきました。

プロデューサーという立場上、オーナーさんには成功するためのノウハウを可能なかぎり多く提供しています。こういったアドバイスを素直に聞くことは、成功への第一歩です。根拠のない我流で実践して失敗してしまい、売り上げが落ちるところまで落ちてから、「なんとかして欲しい」と頼み込まれても、一度評判を落とした店を建て直すのは、新規オープンの何倍もの労力が必要になりますし、追加投資も必要になります。

もちろん、私も鬼ではありませんから手助けしますが、こだわりが強すぎると、かえって遠回りな結果になってしまうのです。

人気店になるためのポイントを次に紹介します。

◆最低限の条件をクリアしておく

前提として立地条件が良いこと（飲食店の空白地帯）、ラーメンがおいしいこと、顧客層に合わせたメニューを提供していること、店長とスタッフが必要な人数揃っていることなどは当然クリアできている必要があります。

◆多くの人に知ってもらうための仕掛け

既にお話ししました通り、オープン時には必ずホームページを開設して折り込みチラシを配布し、ＳＮＳで告知します。そしてＬＩＮＥの公式アカウントを取得してＱＲコードで登録できるようにしておきます。

◆スタッフの接客態度が良い

これは店長次第なところで、店長がお客様に対して積極的に「いらっしゃいませ」や「ありがとうございました」と声を掛けているお店では、周りのスタッフも自然とお客様への接客が明るく丁寧になります。

その結果、お客様も気持ちよく食事をしていかれるので、リピート率が高まったり、SNSに好意的なレビューが投稿されたりします。

しかし店長が無愛想なお店では、スタッフもお客様に対して無愛想になってしまいます。すると、お客様は不愉快な思いをされますので二度と来店されませんし、SNSで悪意あるレビューが投稿されてしまう場合もあります。

◆店内を清潔に保つ

ラーメン店は少し汚いくらいの店がおいしい、というのは昔の話です。今は、清潔感のない店は避けられますし、すぐに評判が悪くなります。

特に女性のお客様にとって清潔感は大切です。ラーメン店なのだから多少は汚くても許されるという時代ではありません。

実はお店の清潔感も店長次第なところがあります。店長がしっかりしていると、特に指導しなくてもお店が綺麗に保たれています。一方、だらしない店長ですと、何度言い聞かせてもすぐにお店が汚れてきます。このことからも、店長選びは慎重に行いたいものです。

COLUMN 2

ラーメンは世界に通用する日本のブランド

ラーメンの人気は海外でも高く、1杯2000〜3000円ほどでも売れています。この金額が高いかどうかは、国ごとの所得水準なども考慮して判断しなければなりませんが、決して安くはありません。

このように、海外にラーメン店を出せば、投資額も高くなりますが単価も高いので、挑戦するだけの価値はあります。

ただ、日本のラーメンをそのまま海外に持ち出しても受けるとは限らず、やはり各地域で受け入れられやすい味にアレンジする必要はあります。

とはいえ、ラーメンは既に日本の代表的な食べ物として認知されていますので、まだまだこれからも人気は高まっていくでしょう。

ただ、海外で飲食店を開店するためには保証金を払わなければならない場合もあります。たとえばタイやベトナムなどでは政府に2000万円ほどの保証金を払わなければ商売ができません。そのため、1店舗開くためには5000万円ほどかかることも考えておかなければなりません。

またベトナムやインドなど経済発展が著しいところでは、チャンスも大きいのですが、土地や建物などの価格の上がり方が激しいので、少しでも条件が良い場所ですと、結局東京都内に出店するのと変わらないほどの初期費用が必要になってしまうことにも注意が必要です。

とはいえ、ラーメンの値段も高くできるため、商売として成り立たせることは可能です。

これらの初期費用を少しでも抑えるためには、出店者を現地の人にすることです。つまり、ノウハウや看板を現地の人に貸し出して、出店自体は現地の人が行えば、政府への保証金などは不要になりますので、リスクが低い出店方法になります。

ちなみに保証金はデポジット（預かり金）とも呼んでいますが、実際には返ってくることはありません。ですから、私は日本人が直接海外にラーメン店を出店することにはあまり賛成していません。ただ、大きなチャンスを掴めるかもしれないという面白みはあります。

ちなみに、外国人が日本に出店する場合には保証金などはありません。その点で日本は非常に甘いのです。ですから日本の土地を外国人が盛んに買っていますが、このように甘い国は日本くらいではないでしょうか。

ところで最近、海外での飲食店の出店先として人気があるのは、タイやシンガポールです。比較的近いことと、温暖な気候のせいかもしれません。

ただ、日本のラーメンに限っていえば、シンガポールなどには安価な食べ物が多くあることと、元々麺の文化もあるため、どれほど魅力を持てるか分かりません。

やはり日本のラーメンが特別な魅力を持てるのは、欧米ではないかと思います。しかし、アメリカには豚などの動物性エキスを輸出できないため、すべての材料をアメリカの国内で調達できる仕組み作りが必要になります。

そのため、欧米に出店する場合は、現地で理想的なスープなどを作れる工場を探し出して提携する必要があるでしょう。

ちなみに私は、海外のメーカーさんとのコネクションもありますので、海外での出店についてもある程度はサポートできます。コロナ禍以前になりますが、２０１４年に、タイや台湾、マレーシアへの出店をサポートした実績があります。

現在は中国、ベトナム、タイ、フィリピン、モンゴル、メキシコ、ニューヨークなどのエリアから問い合わせを受けています。なかでも、中国やベトナム、メキシコは、今後具体的に話が進んでいく見込みです。

ところで海外に出店した場合、日本にいるオーナーさんが頻繁に現地に行くことが難しい場合は、現地での管理を任せられる信頼できる人を送り込む必要があります。現地スタッフだけに任せてしまうと、残念ながらすぐに不正を働かれてしまうのが現実なためです。

第3章

ラーメン店投資に成功する人としない人の差

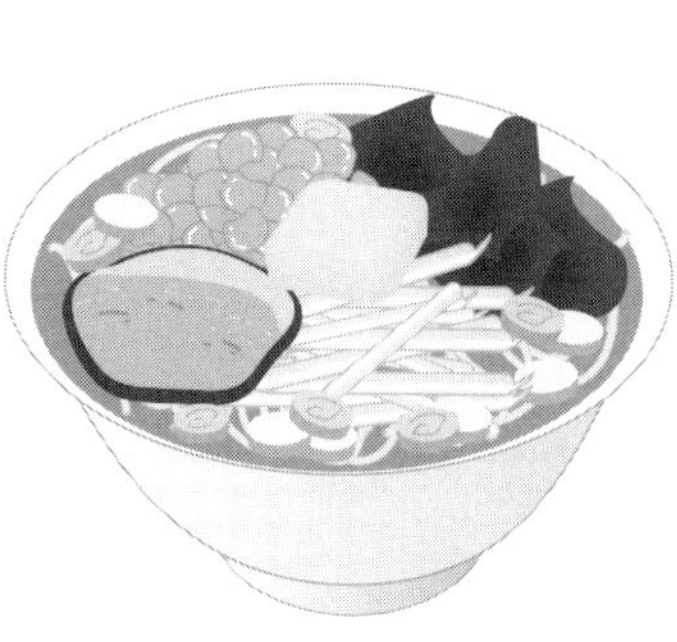

1

成功する人は空白地帯の立地を選び、成功しない人は駅前の人が多い立地を選ぶ

ラーメン店投資で成功する人としない人の最も大きな違いは、店舗の立地選びです。成功する人は儲かる立地であれば場所にこだわりませんが、成功しない人は駅前や繁華街など体裁の良いところにお店を開きたいという見栄を張ります。

ラーメン店の売り上げが伸びるかどうか、そして利益を伸ばせるかどうかは、立地にかかっていますから、繰り返し申し上げるように、飲食店の「空白地帯」を選ぶべきです。

飲食業に詳しくない人は、駅前や繁華街などの華やかな立地なら賑やかで、お客さんも入るだろうと考えたり、何よりそのような場所にお店を開いたことが誇らしく思えるようです。

図3－1　選ぶなら、繁華街より空白地帯

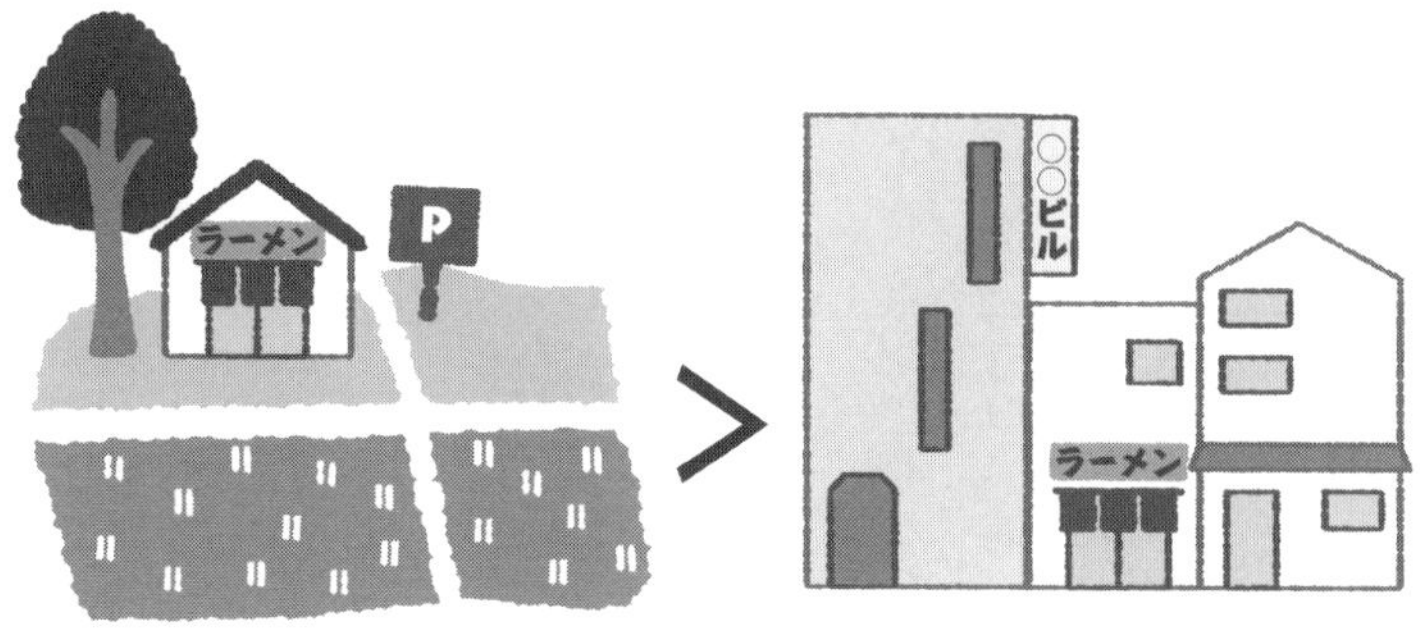

しかし、ラーメン店「投資」ですから、確実にリターンを得られる立地を選ばなければなりません。駅前などの繁華街は、一見人通りが多くて儲けられそうな気がするのですが、飲食店の競合が多いため競争が激しいことと、家賃などのランニングコストが高く付いてしまうこと、そしてその割には十分な座席数を確保できないなどのデメリットが多いのです。

一方、飲食店の「空白地帯」であれば、交通量さえ多く駐車場を確保できればお客様は入ります。また、家賃は安いですし座席数も十分に確保できます。そして何より近隣に競合がいませんので、価格競争などに巻き込まれません（図3－1）。

もちろん、駅前でも飲食店の「空白地帯」であれば、人通りが多いので儲けられるチャンスはあります。しかし、家賃が重くのしかかってくる可能性はあります。

物件の場所や面積などにもよりますが、駅前の家賃は月に30万~50万円、高いと100万円ほどになる場合があります。飲食店の家賃比率は売り上げの10％くらいが適正といわれていますから、家賃が月100万円の場合は月に1000万円以上売り上げなければなりません。しかし、駅前の人通りが多い所でも、うまくいって700万~800万円くらいの売り上げしかいかない場合が多いのです。座席数が少ないですし、オペレーションの限界もありますから、さばけるお客様の数は無限に増やせませんし、すぐに上限に達してしまいます。

しかも、1日をならして来客があれば対応できますが、お客様は昼食時間や夕食時間に集中して来店しますから、いくら集客ができても対応できないのです。そのため売り上げはすぐに頭打ちになります。

さらに、乗降客の多い駅前や商店街ですと、同じように集客が見込めると考えた競合店が出店してくることが多いわけですから、同じビル内に複数のラーメン店が入ってしまったり、駅前の通りに何軒もラーメン店が並んでしまったりすることもあります。

こうなると、すぐに価格競争が始まってしまうのです。いわゆる激戦区ですね。お客様にとってはよりどりみどりで、価格競争もしてくれているので嬉しいことですが、出店している側からすれば、よほどのブランド力がなければ儲けられません。

ただ、どうしても駅前に出店したい場合は、人々がどの方向に向かって歩いているかを見極める必要があります。特にこれから電車に乗ろうとしている人々ではなく、電車から降りてきた人々の行く方向が重要です。

また、投資家さんたちにはビジネス街も人気があります。確かにランチタイムの来客数はすごいものがありますが、夜と土日はまったく来なくなります。したがって、1週間でならすとあまり儲かりません。

一方、住宅街では、1週間を通して安定的な来客数がありますが、ランチタイムにお客様が集中するようなことはあまり期待できません。また、ビジネス街とは逆に、土日の来客数は多くなります。

これらのことから、ビジネス街と住宅街が重なり合っているような場所があれば、それぞれの来客数の波を補い合えるので理想的です。

また、学生街も稼げそうな気がするのですが、大学生が大学に通っている期間はそれほど長くありません。1年のうち6～8カ月程度です。したがって、一見賑わっているように思える学生街も、来店が見込めるのはほんのわずかな期間なのです。

実際、高田馬場の学生街に出店したお店がありましたが、夏休みに入るとまったくお客様が来なくなりました。そのため、7～8月の売り上げは最悪で、早々に撤収しています。

この経験も踏まえて、学生街にお店を出したいオーナーさんがいる場合は、絶対にやめるように忠告しています。

ところが学生街やビジネス街は良さそうな空き物件が出やすいのです。それでつい出店したくなるのですが、空き物件が出やすいということは、撤退しているお店が多いのだとも考えられます。

2 成功する人はラーメンの味をプロに任せ、成功しない人はこだわりを追求する

ラーメン店投資で成功する人は、ラーメンの味や麺の太さを私に任せていただけますが、失敗する人はご自身のこだわりの味や麺を追求しようとします。

ラーメンにはその時々の流行や、顧客層により売れやすい味や麺の太さがあります。この流行や顧客層にあったメニューを考えるのはプロの私に任せていただくことが最も成功しやすくなります。

ところがオーナーさんによっては、「自分の店はこの味にこだわりたいんだ」と私の提案を受け入れてくださらない場合があります。

このとき、私は「そのラーメンでは売れませんよ」と忠告しますが、聞き入れていただ

けずに独自でメニューを考案して開店してしまう人がいます。

この場合は、ほぼ失敗してしまいます。

たしかにラーメン店投資はオーナーさんの理想のお店を開くことができますので、徹底的にご自身のこだわりを反映させたくなるのですが、投資である以上は回収率を高めることが目的であるはずです。


そうなると、オーナーさんのこだわりがたまたま顧客層を捉えることができれば幸運なのですが、もし捉えることができなかった場合は（ほぼそうなりますが）、投資を回収できずに惨憺《さんたん》たる結果になってしまいます。

また、最初は「藏本さんに任せるから儲かる店にしてください」と言っていただいたはずが、実際に店舗ができて厨房も整い、ラーメンを作れるようになって具体的なイメージが把握できた途端に、「やっぱりこんなラーメンを出したい」と勝手にメニューをいじりだして失敗してしまう人もいます。

せっかくプロがいるのですから、任せてしまえばこれほど簡単で割の良い投資はないはずなのに、リスクを冒してまで自分のこだわりに固執してしまう人がいるのです。これでは当然うまくいくはずはありません。

また、オーナーさんが独断で「このラーメンは価格が高くて売れていないから、メニューからなくしてしまおう」と途中でメニューを変更してしまう場合もありますが、これも失敗します。

実は飲食店のメニューには、売れなくても用意しておくべき料理が必要なのです。たとえば最も売りたいのが800円のラーメンだったときに、600円、700円、800円というラインナップを用意した場合、800円は売れず、700円が売れます。しかし、600円、800円、1000円というラインナップにすると、800円が最も売れる確率が高まるのです。

これはお客様の行動心理で、「良いものを食べたいけれども、一番高いのは贅沢だし、かといって一番安いのはおいしくなかったらいやだから」と上から2番目を選ぶ傾向があります。

また、売れるメニューだけに絞り込むと、お客様から選ぶ楽しみが奪われてつまらない

第3章

店になってしまうため、「また行きたい」と思ってもらえなくなります。

ですから最も売れるのが豚骨だからといって、塩や醤油のメニューをなくしてしまうと、お客様は来なくなります。

すると、注文されないメニューのために無駄な食材を仕入れたり無駄なスープを仕込んでおいたりする必要があるのではないかと危惧されるオーナーさんもいますが、工場系から仕入れるスープや具材は劣化しにくいですし、仕入れる食材も限られてきますので、それほど無駄は出ません。また、仕込みの労力も省けます。このこともあり、ラーメン店は工場系が有利だと言えます。

3 成功する人は求人募集をする、成功しない人は知り合いに頼む

ラーメン店に限らず、飲食店を成功させるには、店長選びが重要です。ですから、店長

の書類選考後の面接には私も同席するようにしています。

ところが困ったことに、オーナーさんが「気心の知れた人がいるから」と言って知人を店長にしてしまうことがあります。このパターンは割と多く、10人のオーナーさんのうち2人くらいの割合で知人を店長に据えようとします。

たまたまその知人が優れたラーメン店の店長であればいいのですが、ほとんどの場合は失敗して1年以内に辞めることになります。そして、辞めてからは店がうまく回り始めます。

つまり、知人だからこそ問題があってもオーナーからは言いにくく、かえってビジネスが難しくなってしまうのです。

また、そのような店長は「自分はオーナーから信頼されて任されているんだ」という意識が強いために、私のアドバイスを聞き入れてくれないことが多いのです。「任されている」ことを「権限もある」と錯覚してしまうのです。しだいに、自分たちでどんどん勝手なメニューを作ったり、営業スタイルを変更したりし始めます。するとお店の経営は傾いていきます。

そこで私はオーナーに「あの店長を辞めさせないと潰れますよ」と忠告しますが、知人なのでビジネスライクな決断や実行ができません。お店が潰れかかって店長が逃げ出してから、ようやく慌てて私に「なんとかしてくれ」と言ってきます。

しかし、一度傾いたお店を右肩上がりに戻すのは、新規オープンとは比較にならないほどエネルギーを使う、かなり〝しんどい〟作業になります。

ですから、店長は公募した中から厳選することが大切です。間違っても知人を店長にしてはいけません。私が紹介できる人材のストックを持っている場合は、紹介しています。

4
成功する人は俯瞰でお店をチェックする、成功しない人は細部までチェックする

オーナーには自分のお店にできるだけこまめに顔を出して欲しいですし、現金の回収を含めて管理もして欲しいのですが、あまり頻繁に現場に入り込むことはよくありません。この辺りの塩梅は難しいのですが、たとえば店長やスタッフが萎縮するほどに口を出さないほうがよいのです。

時折、店内をチェックしようとして黙って店内で立っているオーナーさんがいますが、これはスタッフにとってもお客様にとっても邪魔になってしまいます。せめて、入店されたお客様に「いらっしゃいませ」と声をかけているのであればいいのですが、むっつりとただスタッフの仕事を監視しているのは、スタッフにとって威圧感がありますし、お客様

にとっても不気味に感じられます。

そのようなオーナーさんがいると、私は「何も言わないなら店内にいないほうがいいですよ」と伝えています。

特に飲食業や接客業と無縁だったオーナーさんにとっては、自分のお店の中の様子を見ていることに飽きないようで、本当にずっと見ているだけのオーナーさんがいます。それでも「自分の店にいて何が悪い」と言う人もいるので困ることがあります。

また、いちいちお店に足を運ぶのが面倒だけれども、店長やスタッフは信用できないからといって、店内に監視カメラを何台も設置して営業時間中ずっと監視しているオーナーさんもいます。

スタッフの姿が少しでも見えなくなったり、映像で見ているだけではよく分からない行動をとったりすると、すぐに電話して「今、○○さんは何をしているのか?」と確認してきます。

これも監視されているようでスタッフにとっては不快でしかありません。しかもお客様が多い忙しい時間帯であれば、なおさらです。もしカメラで見ていたとしても、ことあるごとに電話するのは避けるべきです。問題があれば1週間や1カ月の区切りでまとめて指示したり、注意したりすればよいでしょう。

確かにお客様が少ない時間帯にサボるスタッフもいますが、執拗に監視すると萎縮させたり信頼関係を壊してしまったりして、スタッフが居着かないようになります。

したがって、オーナーは基本的な姿勢として、店内のオペレーションは店長やスタッフに任せて、より高い位置から俯瞰してお店を見る必要があります。つまりスタッフたちとは少し距離をとるのです。

少し抽象的な表現になりましたが、オーナーである投資家さんたちのほとんどは接客業の現場や飲食店の現場で働いたことがありません。また、人を雇ったこともありません。そのため、スタッフの気持ちやお客様の気持ちが分かりにくいのです。

ですから、細かな指導をしたりいちいち疑ったりするのではなく、気持ちの良い店内の雰囲気が保たれているかどうか、お客様に不快感を与えるようなだらしなさやつっけんどんな雰囲気が出ていないか、店内の清潔感が保たれているかどうか、きびきびとした手際の良さが感じられるかどうかなどをチェックするようにします。

5

成功する人は適正額を投資して、成功しない人は過剰な額を投資する

投資といえば、種銭は大きいほどよいと考えがちですが、ラーメン店投資に関しては極端に大きな金額を投資すると、かえってうまくいかない場合があります。

ラーメン店投資は500万円くらいから始められますが、この金額ですとかなり資金的な制約があり、立地や店舗規模などの面で我慢しなければならないことが多くなります。

1000万円前後の資金を用意できると理想的な立地と店舗を用意でき、さらに広告宣伝に回す予算も確保できるため、成功しやすくなります。

ところが3000万円出せる人の場合は、新たな問題が出てきます。それは、こだわり

が強すぎるあまり、投資を成功させるために必要な金額を遥かに超えて、過剰にお金を投じてしまうことです。

たとえば内装でカウンターに樹齢何十年ものの一枚板を使うなどです。そのようなところに大金をかけても、売り上げには影響がありませんので、費用を回収できません。このようなところにかけるお金があるのなら、広告宣伝やホームページにかけるほうが売り上げにつながります。

ところが資金がある人に限って、広告宣伝のような無形のものにはお金をかけたがりません。贅沢なカウンターや調度品、こだわりのテーブルなど、有形で残るものにお金をかけたがるのです。

気持ちは分かります。自分のお店ですからできるだけ立派にしたいし、こだわりたい。しかし、ラーメン店投資はあくまで投資ですから、早く確実に回収できなければ成功とはいえません。

ですから、資金力のあるオーナーさんの過度に立派なお店がオープンしたとき、オーナーさんはとても満足された表情で嬉しそうにお店を見ているのですが、私のほうはといえば、これだけの投資額をどうやって早く回収しようかと頭を抱えていることが多いのです。もし、回収率が悪ければ、私のコンサルティングが悪かったのではないかという話にもなりかねません。それほど投資家であるオーナーさんの成功に対する責任が私にはあります。

ですから、これまでの実績から言えるのは、ラーメン店投資に適した資金は1000万円前後で、資金に余裕がある場合は売り上げに関係のないこだわりに使うのではなく、広告宣伝やホームページ（特に英語版）に投じることが成功への近道ということです。

COLUMN 3

ラーメン店と風水の良い関係

私は自分がプロデュースしているラーメン店の店舗が改築されたり新築されたりする際には、風水《ふうすい》を見ています。

風水とは古代中国の思想で、都市や建物などを設計する際に位置や方角によって、吉凶禍福をコントロールできるとする思想です。テレビや雑誌でも、風水師が「黄色い財布を持つとお金が貯まる」とか、「あの高層ビルが龍脈を断ってしまっている」などと言っていますよね。

私は風水師ではありませんので、羅盤（方位で吉凶を占うための道具）を使うような本格的な風水は行いません。ただ、店舗の玄関の位置やトイレの位置などは具体的に指示しています。

「風水など非科学的な」と思われるかもしれませんが、やはり人が使う施設には心地の良い方角や日当たりの影響などがあるものです。

第3章

実際、鬼門（北東）にトイレが位置している店舗は、すぐに閉店に追い込まれることが多かったですし、居抜き物件でしたがトイレの位置を変えた店舗は、行列のできる繁盛店になっています。もちろん、トイレの位置が効力を発揮したのかどうかは合理的に説明できませんが、不思議とそのような傾向がありました。

ですので、居抜き物件を使う場合も、できるだけ工事費が安く済むような工夫はしているのですが、トイレが鬼門にあった場合などは多少工事費がかかってでも位置を移動するように指示しています。

といっても工事費の予算がぎりぎりでトイレの位置を変えられない場合は、トイレの照明を明るめにして、こまめに掃除をして清潔に保つことで弱点を補えるとされています。

また、入り口が西にあると固定客しか来なくなると考えられています。

私が風水を学ぶきっかけになったのは、大きな負債を抱えたゴルフ場を引き継いで経営していたときです。精神的にかなり追い込まれていたので、ゴルフ場のある岡山から島根県の出雲大社に通っていました。そこで神職の方から方位学などさまざまなことを教わったのです。

そのようにお付き合いさせていただいていたので、ラーメン店を開くたびに物件の図面を送るなどして相談していました。そのうち、自分一人で見られるようになり、物件と方位の関係に注目するようになったのです。


すると、特にトイレと出入り口に関しては、風水的に良い位置に改修した店舗と悪い位置のままでいる店舗とでは、見事に繁盛店と潰れる店に分かれていることが分かりました。理屈は分からないのですが、経験として法則があることを実感しました。

そのため、今でも設計士が作成した図面を見て、風水的に問題がある場合は手直しするようにお願いしています。ただ、建築関係者も出入り口に関しては方位を見ますが、トイレや配水管の方位までは見ません。彼らはあくまで効率と予算で決めていきます。

トイレや出入り口以外にも、券売機やレジ、金庫の位置も見ます。お金は西から入るとされているためです。

基本は、神様がいる北東と南西には不浄なものを置いてはいけないというものです。

第3章

トイレなどは北西か南東がいいのです。

するど、神棚はどうしますか？　と尋ねられることがありますが、私は神棚を置くことまではお勧めしていません。置きたいと言われれば基本的には北東です、とアドバイスしています。神棚を置く場合は、毎日きちんと面倒を見ないといけないです。ほこりまみれの神棚をいくつも見てきました。スタッフはあまり気にかけない傾向があるので、せっかく置くのならば、きちんと管理できるオーナーさんに置いていただきたいですね。

第4章

多店舗展開で投資を加速させる

1 多店舗展開を考えるタイミング

1店舗目が成功すれば、2店舗目、3店舗目と増やしていくことになります。もちろんオーナーさんが1店舗だけを育てていきたいということであれば、それもラーメン店投資の1つの在り方ですから問題ありません。

ただ、せっかく1店舗目が成功したのなら、店舗を増やすことでリターンを成長させていくほうが、面白みがあるでしょう。

フランチャイズ化については第5章であらためて説明しますので、ここでは直営店の多店舗展開についてお話しします。つまり、オーナーさんが直接所有して管理していく多店舗展開です。

多店舗展開を始める絶好のタイミングというものは特にありません。思い立ったら吉日ですから、「そろそろ2店目を開くかな」と思ったときで構いません。ただ、多くのオーナーさんは、1店舗目の売り上げが目標に達したらすぐに2店舗目に着手しています。オーナーさんによっては、いきなり2店舗目と3店舗目を同時に開店させる場合もあります。

逆に、1店舗目で目標の売り上げに達しなかった場合は、2店舗目で挽回しようとは考えずに、まずは1店舗目の問題点を明らかにして改善し、売り上げが伸び出してから2店舗目に着手すべきです。そうしないと、1店舗目と同じ問題点を抱えたまま、2店舗目をオープンしてしまうことになるからです。

ですから、2店舗目以降を開くのは、1店舗目の様子を見てからじっくりと取りかかればよいと思います。

また、多店舗展開をするのであれば、3店舗以上展開することを推奨しています。経験上、3店舗になったところからが管理・運営の効率が良くなりますし、お金や在庫管理もしやすくなるのです。そのためには、最初の3店舗はオーナーさんの目の届く地域内にあ

第4章

ることが理想的です。具体的には、同じ市内の空白地帯で、車で30分以内の距離感、といった場所がよいでしょう。

2 投資を最大化できるのは3店舗から

多店舗展開では3店舗になったところから効率が良くなることに触れましたが、もう少し詳しくお話しします。

なぜ、2店舗より3店舗が良いのかというと、人員の行き来が容易になります。2店舗ではそれぞれに人員が必要ですし余分な人員は雇えませんから、人員の流動性はありません。どちらも一杯一杯な状態になりやすいのです。

ところが3店舗以上で売り上げが上がってくると、1〜2人ほど必要に応じて3店舗を回れる人員が出てきます。その結果、スタッフのシフトや人件費の効率が良くなってくる

図4-1　3店舗だと効率的

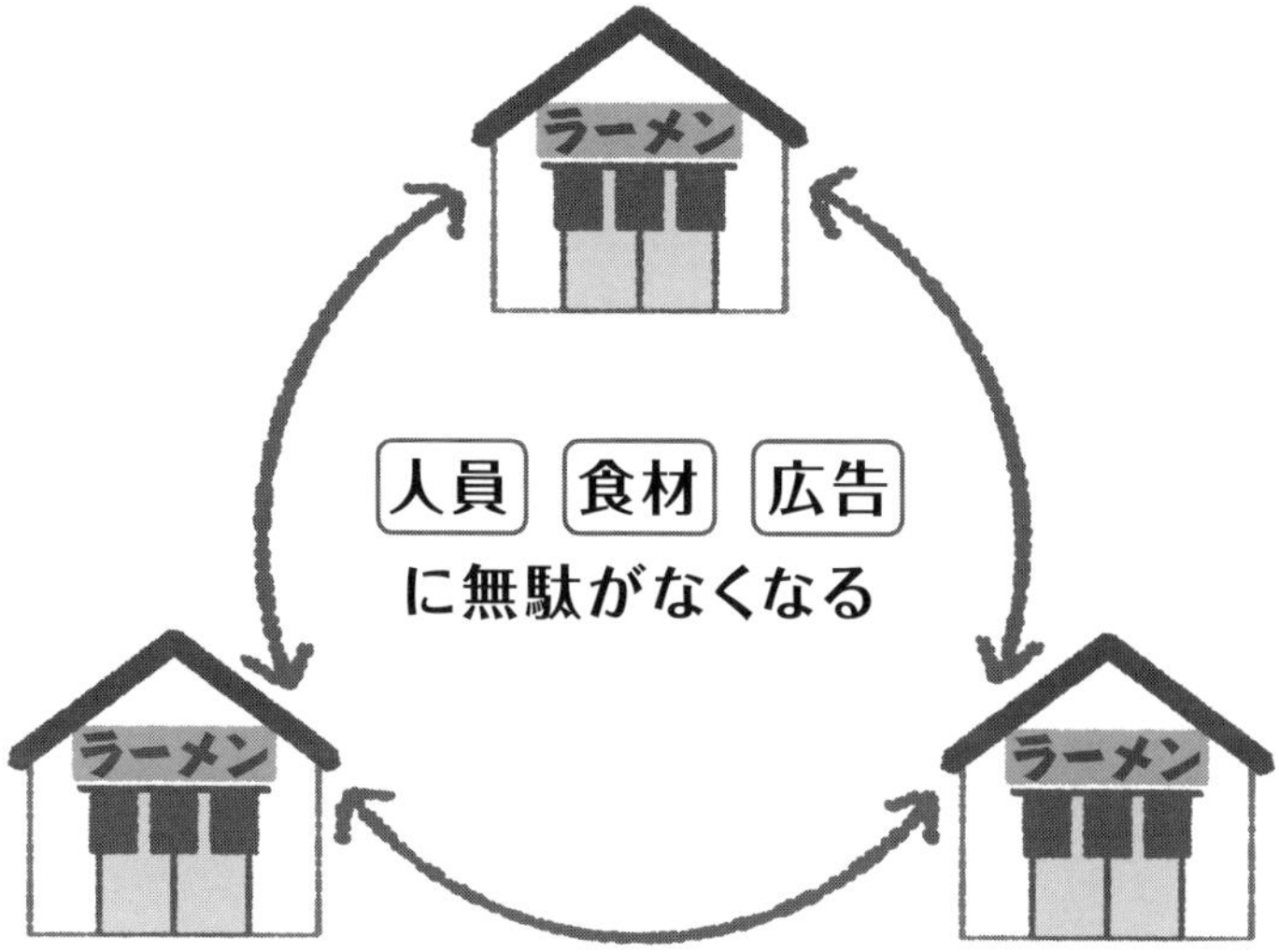

のです。

　他にも、麺やスープ、具材なども3店舗あると、店舗ごとの消費の変動に合わせて融通し合えるので無駄が非常に小さくなりますし、広告費についても、3店舗まとめて広告を掲載したり、印刷の発注をしたりできますので、効率がよくなります（図4-1）。

　3店舗目をオープンしたオーナーさんたちは、皆さん一応に効率が良くなったと実感されています。

3

6店舗を超えたらスーパーバイザーを雇う

多店舗展開したときに3店舗になると運営効率が高まるとお話ししました。この効率の良さも5店舗目くらいまでは感じられるのですが、6店舗目になると、たった1店舗増えただけなのにもかかわらず、途端にオーナー自身が直接運営することが難しくなります。

これは、おそらく1週間に簡単に回れる店舗の数の限界が5店舗だからなのだと思われます。あと1店舗くらいなんとか見られるのではないかと思われるのですが、私の体験上、5店舗までは各店舗のことを100%管理できていたのが、6店舗になると、途端に各店舗の20%ほどしか見られなくなります。これまでプロデュースしたどのオーナーさんも同じことを言われるので、やはり5店舗までが直接管理できる店舗数なのでしょう。

そこで6店舗目をオープンする頃からは、スーパーバイザーを雇うようにします。スーパーバイザーとは、オーナーの代わりに店舗の運営管理をする役割です。コンビニエンスストアなどフランチャイズ店舗を多く持つ業態の業種には、よく見られる職種です。

スーパーバイザーには全店舗の管理を依頼しますが、何もかもを任せるのではなく、役割分担を行います。たとえばスタッフのシフトや採用、評価といった一部の業務を任せるのでもよいですし、お金の管理以外はすべて任せるのでもいいでしょう。お金の管理は、店舗数が増えていっても、10店舗くらいまでの規模であれば、オーナー自身で行うことが大切です。

スーパーバイザーはオーナーさんに忠実で誠実な人柄で、ラーメン店運営の経験者が適任です。新たに雇ってもかまいませんが、既に5店舗を運営しているのですから、それらのお店の店長の中から1人を選んでスーパーバイザーに昇格させるのが理想的です。お店の内情にも詳しく、運営ノウハウにも長けていることに加え、人材育成の面からもメリットは大きいのです。

昇格させた店長の後任を、同じお店のスタッフの中から選べば、他店の店長やスタッフにとっても、将来のステップアップの可能性を見ることができるので、励みになるでしょう。もちろん、スーパーバイザーに抜擢された店長は、オーナーからの信頼の厚さと評価

第4章

の高さを感じてやる気を出してくれますが、当然、給料も店長時代より上げることで、さらにやる気を出してもらいましょう。

将来的にさらに拡大していこうと考えるなら、スーパーバイザーの登用以外にも、この段階で店舗経営やスタッフを指導するためのマニュアルや体制の整備を始めておく必要があります。

たとえば、新しく店長になった人やスタッフになった人が、各業務の範囲や進め方が分かるよう文書化した店長マニュアルやスタッフ研修マニュアルを整備します。ほかには、店内清掃マニュアルや厨房内清掃マニュアル、グリストラップ（68ページ参照）の清掃マニュアル、ラーメンの仕込みマニュアルなど、多くのマニュアルがあります。指導内容は複数存在し、一つひとつ指導していかなければなりません。これらのマニュアルはフランチャイズ展開をする際に、新たに加盟した店舗への指導マニュアルとしても活用できます。

また、5店舗の中から店長やスタッフの仕事ぶりが模範となる店舗を選び出しておくことで、新たに加盟した店舗の店長やスタッフの研修用店舗として機能することになります。

4

11店舗を超えたらスーパーバイザーを増やし、統括管理者を雇う

店舗数が6～10店舗の間はスーパーバイザー1人で管理できますが、11店舗目からは、新たにスーパーバイザーを追加する必要があります。また、2人以上になってくると、取りまとめをする統括管理者が必要になります。

この店舗数になってくると、これまでのようにオーナーさん自身でお金の管理をすることが難しくなることから、統括管理者が各店舗の帳簿上の数字から経営状態を分析し、とりまとめてオーナーさんに報告します。

統括管理者もスーパーバイザーの中から引き上げることが理想です。各店舗の運営状況を把握しているからこそ、即戦力になります。空いたスーパーバイザーのポストへは、店長の中から昇格させます。すると、スタッフは頑張りが認められれば、店長になれますし、その次はスーパーバイザーになれ、さらにその先は統括管理者になれるという、キャリア

図4－2　キャリアップの道筋

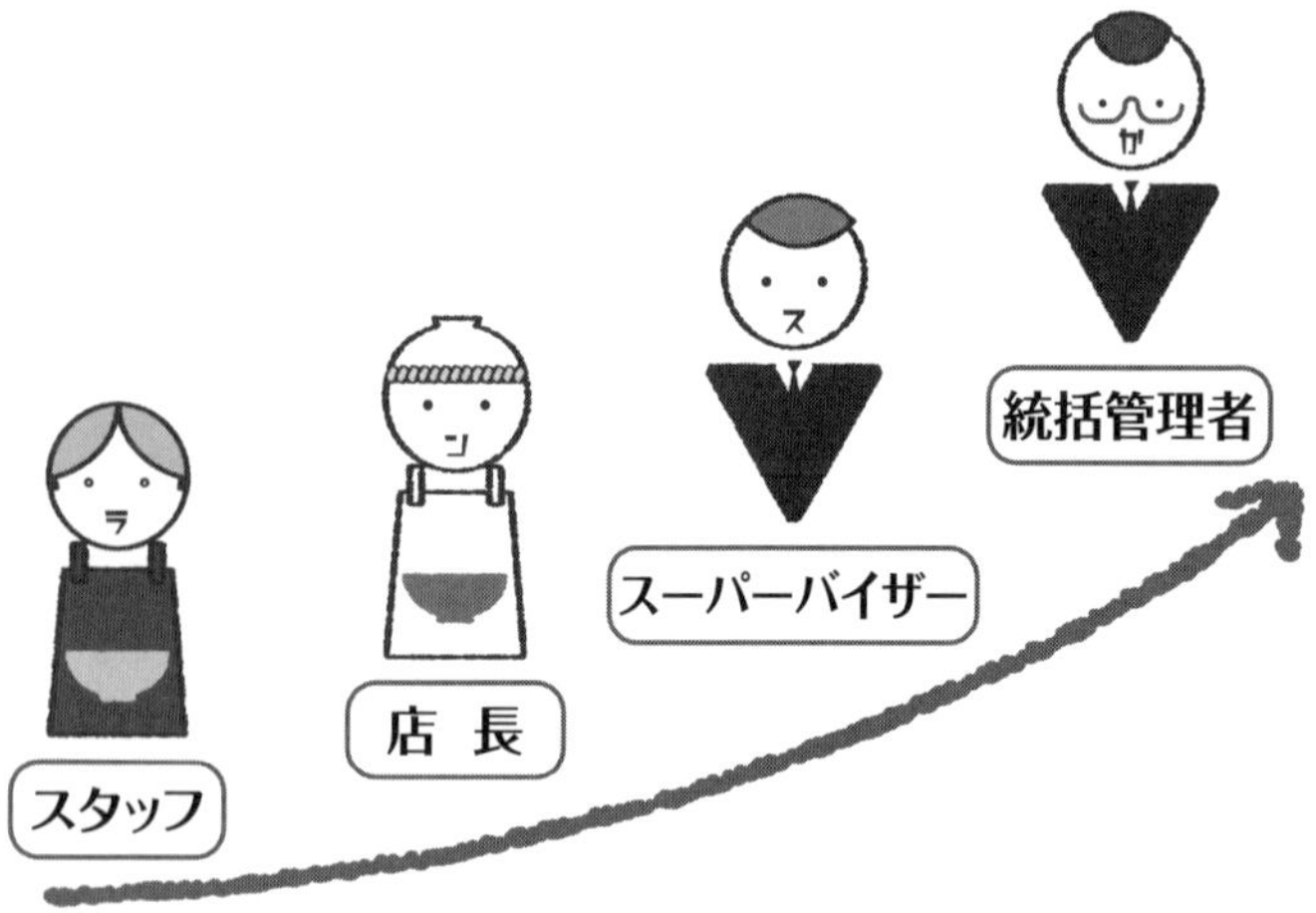

アップへの夢を持てるようになりますので、やり甲斐も感じられるようになります（図4－2）。

店舗数が11を超えるようになると、毎日のようにいずれかの店舗でトラブルが発生するようになります。たとえば機械トラブルが発生したり、スタッフが急に休んだり、あるいはお客様とのトラブルが発生することもあります。

最も頻繁に起きるのが機械トラブルです。ゆで麺機が動かなくなったり食洗機が動かなくなったりなどです。このようなトラブルが発生したときは、スーパーバイザー、統括管理者のどちらでもかまいませんので、すぐに動けるほうが対処します。

ちなみに、私の場合はほとんどの厨房設備を自分で修理していました。必要に迫られてやっているうちに、自然と身についてしまったのですが、我ながら器用なものだと感心しております。スタッフからも社長ではなく「業者さん」と呼ばれていたほどです。

ただし、それはまれなケースです。簡単な応急処置は身につけておくのがベストですが、素人では直らないケースやいじったがためにさらに調子が悪くなってしまうこともありますので、すぐに駆けつけてくれる業者と日頃からつながっておく必要があります。

スタッフが突然休んでしまい人手が足りないときには、他の店舗から応援スタッフを手配したり、それができない場合にはランチなど忙しい時間帯のみスーパーバイザーがヘルプで入るなどしてやりくりする策を考えることもあります。

お客様とのトラブルでよく起こりがちなのは、繁盛店の宿命である待ち時間に関するものです。入店するまでの待ち時間、注文をしてから商品が出されるまでの待ち時間が長すぎると、クレームを言われることがありますが、トラブルにさせないためには人員を十分に配置することが大切です。

統括責任者は、より経営者目線で店舗の運営に携わることになります。たとえば、同じ地域内の10店舗で同時にキャンペーンを展開するなどの企画を立てることもあります。

また、売り上げが伸びない店舗があれば、その原因を見つけ、対策を練ります。店舗それぞれの売り上げだけでなく、全店舗トータルの売り上げも見ていく必要があります。

一方、販売促進活動などは、広告宣伝費の費用対効果を高めるために、全店舗まとめて行う戦略を立てて実践します。たとえば、新メニューの告知キャンペーンを行うのであれば、全店舗共通で使えるチラシを作成して配布すれば、店舗ごとに作成して配布するよりも費用を抑えながら効果を上げることが期待できます。

実際、チラシに全店舗の紹介が掲載されていれば、「この店はたくさんあるんだ！」と繁盛ぶりをアピールすることができます。

5 100店舗を目指すならフランチャイザーとして準備

多店舗展開が順調に進み、いよいよ30店舗が見えてきたら、フランチャイザーを目指すことも検討すべき段階です（フランチャイザーについては、次章で詳しくお話しします）。

直営店のみを増やすことで利益を増やすことは十分に可能ですが、店舗が増えれば増えるほど、スーパーバイザーの増員など、余分な固定費も増えます。

また、直営店を増やす場合は、オーナーさんは自力で開店資金を調達しなければなりませんが、フランチャイザーが店舗を増やす場合の開店資金は、加盟店側の負担になります。

さらには、直営店出店の場合、新たに店舗物件を探す必要がありますが、フランチャイザーになればすでに、売上実績のある店舗が加盟店になりますので、開店してみないと売上が分からないといったリスクもありません。

フランチャイザーになるとは、これまでの運営ノウハウを売るということなので、それなりの責任はありますが、これらの理由から、多店舗展開においては直営店を増やすよりもフランチャイザーとして加盟店を増やすほうが、展開速度が加速しやすくなります。フランチャイザーになれば、100店舗も夢ではありません。この段階に入るとオーナーさんはかなり大きな組織を運営している状態になりますが、基本的な管理業務はスーパーバイザーと統括責任者に任せているので、それほど負担は生じていないはずです。

この段階では、既にある店舗経営や指導マニュアル、指導体制を現状の規模にあわせて見直す必要があります。

特にフランチャイズを展開するに当たっては、研修用の模範店が必要になるのですが、この規模の多店舗展開をしていれば、必ず候補となる店舗がいくつもできているはずです。この研修用の模範店舗で、フランチャイズ店のスタッフに対する接客や調理方法などの指導を行えるようになります。

直営の多店舗展開からフランチャイザーに変わったからといって、オーナーさんのやることが増えるわけではありません。ただ、フランチャイズ化のピラミッド型組織ができ上がると、コントロールは楽になります。これが直営店ですと、店舗数が増え続けると店長やスタッフを育て続けなければならないため、どこかの段階で破綻してしまうのです。

そのため、フランチャイザーになれば、規模に応じてスーパーバイザーや統括責任者の数も増やしていきます。

6 多店舗展開での運営・管理のポイント

多店舗展開を行うときは、ほとんどの方は金融機関から融資を受けます。たとえば、1～2年など短期間で10店舗以上を展開しようと考えた場合、おそらくそれだけ立て続けに融資を受けることは難しいでしょう。

ただし、既存店の売り上げが順調で決算書の内容に問題点がなければ、ペースを早めることは難しいながらも、融資を受け続けることは可能だと思います。

さて、2桁の店舗数になってくると、あとはどれだけ店舗が増えてもオーナーさんが行うことは変わらなくなります。統括管理者の報告を受けて、その報告内容を精査し、問題があれば指示を出すということの繰り返しです。特に、在庫管理と人件費の管理さえできていれば儲かります。逆にここができていなければ、赤字に転落してしまう可能性があります。

店舗数が2桁になると、投資を始めた頃のように、各店舗に自ら顔を出してチェックや指導を行うようなことはしません。というより、できません。

しかし、この状態こそが、ラーメン店投資家としては理想的な状態です。そして、セミリタイアを目指すのであれば、この状態に到達していなければなりません。つまり、あとはリターンを受け取るだけの状態になるということです。

そのためにも、最初の1店舗目をいかに成功させ、2店舗目、3店舗目へとつなげるか、そして店長の育成や昇格をさせながら、さらに多店舗展開を進めるか、スタッフへの指導のポイントなどもマニュアル化しながら、どの店舗でもばらつきのない品質で商品と接客を提供できるかがカギとなります。

7 売却で効率よく多店舗展開

多店舗展開が成功すると、バイアウト（売却）の話を持ちかけられる機会が出てきたり、オーナー自らバイアウトすることを視野に入れたりするようになります。

バイアウトですから、すべての店舗をまとめて売却することになります。

私はバイアウトの相談を持ちかけられたときには、反対はしません。ここはオーナーさんの投資家としての考え方の問題ですから、私が止める筋合いもないのです。

もちろん私の立場では、売却されてオーナーが替わっても、同じ工場から仕入を継続していただけるとありがたいのですね。しかし、そのこともオーナーさん次第ですから、私から条件を出すようなことはありません。

ただし、バイアウトの場合は手に入れることができる金額が大きいとはいえ、一度限りの売却益が入るだけですから、本来は事業を継続したほうが収入も継続しながら増加するので夢がありますよ、ということだけはお伝えします。

バイアウトの話は、4〜5店舗目あたりから持ちかけられるようになります。特に上場しているような大きなフランチャイザーから見れば、店舗を一から作るよりは、多少値が張っても現役で稼働している店舗を買い取ったほうが株主にも評価されます。

バイアウトする際の相場はまちまちです。基本的にはその多店舗を実現するために費やした費用や現在の売り上げ規模を目安に算出することになります。たとえば、1店舗あたり1000万円の投資をしてきたのであれば、最低でも1000万円×店舗数を上回る金額にはする必要があります。

さらに、「のれん代」といって、もしも今売却しなければ、向こう何年間かで得られたであろう将来的な利益を売却額に乗せる場合もあります。

ただ、M&Aのマッチングサイトなどでラーメン店の売却相場を見ていると、明らかに売却せずに事業を継続したほうが得だと思える金額になっています。

COLUMN 4

私が多店舗展開したときの経験

私自身が最初に多店舗展開したのは、やむを得ない事情があったからで、事業を拡大しようと思っていたわけではありませんでした。店舗はすべて私の直営店でした。

当時私は、自分自身のお店としては1店舗だけ経営していました。同時に、別のオーナーさんが経営しているラーメン店5店舗のコンサルティングをしていたのです。店舗を増やす手配から、各店舗のスタッフの採用や管理まで任されていましたので、事実上の経営者のような立場でした。

オーナーさんはラーメン店とはまったく別の業種の会社を経営している社長さんでしたが、その会社のことはよく知りませんでした。しかし経営状態は良かったようで、とにかく資金は潤沢だったのです。ですから、金融機関からの融資も受けずに自前のキャッシュを使って多店舗展開を進めていましたので、大したものだな、と思っていました。

第4章

ところがオーナーさんが経営する会社でトラブルが発生し、廃業に追い込まれてしまったのです。5店舗あったラーメン店の店長やスタッフたちも、皆辞めざるを得ない状況に追い込まれてしまいました。すると、5人の店長たちが皆、私のもとで働きたいと言います。

当時の私は自分のラーメン店を1店舗しか持っていませんでしたが、付き合いも深い人たちでしたし、皆さん優秀な店長たちでしたので、全員の面倒を見ることにしました。

とはいえ、やはり5人の店長を1店舗で働かせるわけにはいきませんでしたので、慌てて5店舗を立ち上げ、5人の店長をそれぞれの店舗に据えたのです。

しかし私は、父親から引き継いだゴルフ場の負債200億円を抱えている身でしたので、銀行からは融資を受けられません。

とにかく考えられるあらゆる所からお金を借り、集めました。何しろお金がなかったので、自分の給料も店長やスタッフたちの給料とお店の運営費につぎ込みました。

まさに「薄氷を踏むがごとし」という日々を過ごしていたのです。

そのような事情もあり、店舗オーナーと直接賃貸契約を結ぶことが困難でした。そこで、まだ店舗のサブリース（転貸）というサービスがなかった当時、お付き合いのある不動産業者さんに頼んで特別に店舗のサブリースを組んでもらいました。

そして毎月の各店舗の売り上げから返済していったのです。金利は高かったですね。

このときが、私のラーメン人生の中で最も危機的な状況でした。それでも1年間に5店舗立ち上げています。2〜3カ月おきに新店舗を開店させて店長を配属していったのです。思い出すだけでゾッとするほどのハードワークと強いプレッシャーにさらされました。当時、何をしていたのか、細かい記憶が飛んでしまっていて思い出せないほど必死に働きました。

このようにして、追い込まれた結果として、いきなり6店舗のオーナーになったのです。その後も15店舗まで増やしましたが、そのうち5店舗は明らかに立地選びで失敗しました。

この失敗した5店舗は、ビジネス街に開店しました。ビジネス街では、1日のランチタイムだけで8〜10万円ほどの売り上げに達するのですが、土日になると売り上げがほとんどゼロになります。会社員が出社していないからですね。

この経験から、ビジネス街には出店しないようになりました。私の失敗経験は、その後のラーメン店プロデュースにおおいに生かされています。

第5章

フランチャイズ化で資産を最大化する

1 育てたラーメン店で〝フランチャイザー〟になる！

ラーメン店を多店舗展開しているとき、どのタイミングで直営からフランチャイザーになるべきか尋ねられます。フランチャイザーになるタイミングは店舗数ではありません。極端な話、2店舗目からフランチャイズ化しても構わないのです。

それではどのようにしてフランチャイザーになるタイミングを計るのかというと、模範店ができて教育体制や管理体制が整ったときです。この段階になれば、直営で店舗数を増やすよりも、自らがフランチャイザーとなって加盟金やロイヤリティーを得る仕組みに転換したほうが、効率良く収益を上げられるようになります（図5－1）。

フランチャイザーになるには資格は必要ありません。ホームページやフランチャイズ募集専用サイトなどを使って加盟店を募集し、加盟者が現れればフランチャイザーになれます。

図5-1　フランチャイザーで資産を最大化

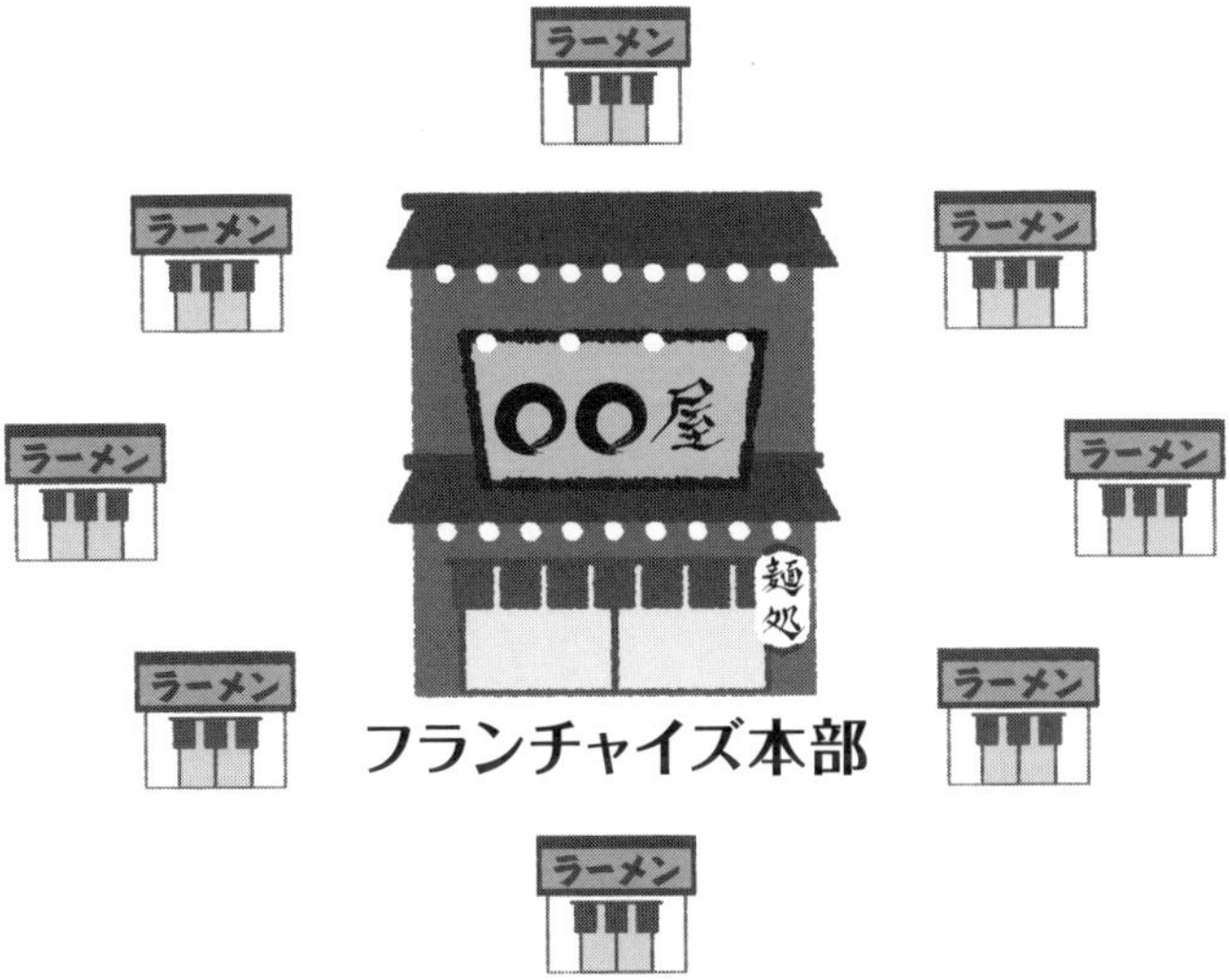

フランチャイザーに必要なのは店舗運営のノウハウと、加盟店を教育する体制を整えることです。そのためにも、研修用店舗となり得る模範店を作らなければなりません。

物件の取得費用は加盟者が用意しますので、直営店を増やすときのように、フランチャイザーが融資を得て資金を用意する必要はありません。そのほかに、改装費、人件費、広告費なども加盟者が用意します。こういった点からも、フランチャイザーになることは店舗数を効率良く増やせるメリットがあります。

加盟金とは、加盟者に対してノウハウの提供や、サポートをすることに対する対価として、本部（フランチャイザー）が受け取る「ブランドの使用料」です。文字通り加盟時に支払われるもので、返却する必要がないお金です。

加盟金の相場は、50万～500万円とかなりの幅があります。ここはフランチャイザー次第ですが、私が見たところでは、250万～300万円に設定しているフランチャイザーが多いようです。要は、自身のブランド価値をどのくらいに考えているかによります。

加盟時に受け取るものとして、ほかには保証金があります。これは家を借りるときの敷金のようなもので、加盟店からのロイヤリティーの支払いが滞った際に充当されます。フランチャイズ契約を解除した際には、契約状況によりますが元加盟店に全額返金します。

一方、毎月支払われるものとしては、ロイヤリティーがあります。ロイヤリティーは売り上げの3％前後が相場で、加盟者は毎月、売り上げに応じた金額をフランチャイザーに支払うことになります。

このように、フランチャイズ展開は直営による多店舗展開よりも、投資に対するリターンが加速度的に大きくなることが最大のメリットですが、他にもメリットはあります。

1つは、M&Aによるバイアウトをする際に、フランチャイズ展開していると、していない場合と同じ店舗数でも、売却額が高くなる傾向があることです。これは、よりシステマティックな組織が構築されていることが高く評価されるためです。

2つめとしては、自分の作ったブランドをより速く、より大きく展開できることです。これは他の投資では味わえない醍醐味です。株式投資や不動産投資、FX、暗号資産など、いずれの投資も成功すれば経済的な成功は得られます。しかしフランチャイザーとして成功したときには、自分のアイデアやセンスが生かされた自分のブランドが成長していくという、実業家としての醍醐味を味わえるのです。これは夢があると思いませんか？

2 フランチャイザーに向いているオーナーとは？

直営店の場合は、オーナーさんが各店舗を定期的に見回る必要があるとお話ししましたが、これはフランチャイザーになっても同様です。ただ、直営店のときほどの頻度で見回る必要はありません。各店舗に月に一度は顔を見せている、といった程度でよいでしょう。あるいは、スーパーバイザーや統括管理者が代わりに指導も兼ねて見回るのでも構いません。もちろん、究極は何もしなくてもお店が回り、収入を得られる状態が理想なのですが、そこに至るまでは、できる範囲で行っていくとよいでしょう。

ところで、多店舗展開を行う際に、直営店にするかフランチャイズ展開にするかは、オーナーさんの好みや目指すところの違いによります。

直営店の場合は、1店舗増やそうとするたびに資金を用意しなければならないため、展開の速度には限界があります。

一方、フランチャイズ展開する場合は加盟者が資金を用意するため、資金確保の制約がなくなるぶん、展開が速くなります。つまり、投資のリターンを迅速に拡大させたい場合には、フランチャイズ展開を目指すことになります。

ちなみに、フランチャイズ展開の場合にも、事前にフランチャイザーとしての適性を判断したうえで、アドバイスしています。これは、向いていないオーナーさんがフランチャイザーになると、加盟者に迷惑をかけてしまう可能性があるためです。

どうしてもフランチャイザーに向いていないオーナーさんもいるのです。判断基準としては、直営店の運営状況や研修店舗にできる模範店を育てられているかどうか、スーパーバイザーや統括管理者とうまくコミュニケーションをとり、加盟店の経営者たちをまとめることができそうかなどがあります。

逆に、これらがうまくできているオーナーさんには、私のほうからフランチャイズ展開されてはいかがですか、とお声掛けしています。

3 魅力的なフランチャイザーになるためには

フランチャイザーになるためには資格は要りませんとお話ししましたが、加盟店が増えやすい魅力的なフランチャイザーになる努力は必要です。ポイントとしては、次の通りです。

◆黒字化＋人気

基本的に各店舗が黒字化していることが必須です。加盟店に利益が出ていないフランチャイズに新たに加盟したいと思う加盟者はいません。

しかし、利益が出ているだけでは魅力は足りません。フランチャイズの加盟店になりたいと思ってもらうためには、既存店が見た目にも賑わっている必要があります。お客様が絶えない、あるいは行列ができているといった繁盛ぶりが見られれば、このブランドに参加したいと思う加盟者も多くなります。

つまり、フランチャイザーの魅力は帳簿だけではないのです。

◆研修制度、業務のマニュアル化

安心して加盟してもらうためには、研修制度やマニュアルが整備されている必要があります。調理や清掃、出退勤などの諸ルールがマニュアル化されており、店長やスタッフの教育制度も整備されていなければ、加盟してもちゃんとノウハウを伝授されるのだろうか、という不安が残ります。

フランチャイザーに向いているオーナーさんが運営しているお店では、私がアドバイスしなくても、自然発生的にマニュアル化が行われたり、教育の仕組みができ上がったりしています。このようなお店が育っているオーナーさんには、私からフランチャイズ化を提案することもあります。すると、本当にスムーズにフランチャイズ化できます。

このようなオーナーさんがフランチャイザーになったときには、模範的な店舗が研修用店舗として活用できるため、加盟店の店長やスタッフを一時的に預かって教育して戻す体制をすぐに構築できます。そのことが、加盟を検討している方にとっても大きな安心材料となります。

◆加盟店への指導体制

加盟店がきちんとフランチャイズの店舗として運営されているかどうかをチェックして、問題があれば指導する体制を整えることが必要です。

この指導者はオーナーさん自身でも構いませんが、スーパーバイザーもしくは相当する責任者を定期的に加盟店に派遣できるようにします。

◆ホームページの充実

検索しても食べログにしかお店の情報が出てこないようなフランチャイザーは加盟者に信用されません。やはりオフィシャルのホームページが公開されていて、しっかりと情報発信されていないと、信用されません。

ホームページでは、加盟店の紹介や新規オープン店舗のニュースが掲載されている必要があります。もちろん、メニューやキャンペーン情報も掲載することで、活動的である印象を与える必要があります。

4

フランチャイズを成長させるためのポイント

フランチャイズを順調に成長させるには、次のポイントがあります。

◆信頼関係の構築

基本は、フランチャイザーと加盟者の信頼関係が築かれていることにあります。したがって、ここは人間くさい面ではありますが、ビジネスとはいっても相性の問題が出てきます。

理念に両者が共感できなかったり、人としての相性が単純に悪かったりすると、いくら諸制度が整備されていても、ビジネスライクに割り切れない部分が出てきます。

ですから、加盟希望の応募があった場合には、お互いの財務的な情報や店舗規模、立地条件などのビジネス情報だけでなく、人柄や考え方なども面談でじっくりと確認し合う必要があります。

◆加盟店への情報提供

フランチャイザーは本部として、加盟店に対して常に情報提供をするようにします。新作メニューやキャンペーンの情報、効率化に成功した店舗の情報やマニュアルの改訂情報などの共有は徹底します。また、グループの売り上げや利益などの財務情報も共有します。ロイヤリティーの割合については契約以前に公開しておきます。契約するまで分からない状態では安心して加盟できませんし、トラブルの原因にもなりかねません。

◆加盟店とワンチームになる

フランチャイズを運営するうえで最も大切なのは、加盟者の意見を聞きながら、一緒に盛り上げていくムード作りです。

ムード作りには仲間意識による一体感も大切ですので、必ずユニフォームを作って加盟店に提供してください。お店のロゴが入った同じユニフォームを着ることは、思っている以上に仲間意識を芽生えさせます。

◆企業理念の作成、浸透

これもありきたりですが、フランチャイザーとしての企業理念を掲げます。大それた内容である必要はなく、フランチャイザーとして大事にしている考え方や行動指針を1つでも2つでもかまいません。

また、その理念を加盟者から店長、スタッフまでが共感できている状態を作ってください。たとえば、加盟者へ加盟時に説明するだけでなく、研修に盛り込んで店長からスタッフまで理解してもらう機会を設けたり、ホームページに記載したり、各店舗を回った際にオーナーや店長に伝えるなど、折に触れて理解してもらえるように努めます。

この理念だけは、フランチャイザーが頑張って打ち出す必要がありますが、この理念を掲げることで、自分自身も加盟者に対する愛着が湧いてきます。

5 展示会に出展する

フランチャイズの加盟店を増やすためには、ホームページに募集要項を記載したり、フランチャイズのマッチングサイトで募集をかけたりしますが、それ以外にもフランチャイズビジネスの展示会に出展する方法があります。

たとえば、日本経済新聞社主催の「フランチャイズ・ショー」や、RX Japan株式会社主催の「FRAX《フラックス》」などがあり、飲食から小売、サービスまで、さまざまな業種のフランチャイザーが出展しています。

ここでは、私が以前出展したことのあるFRAXについてご紹介します。

FRAXは東京ビッグサイトや大阪のインテックスといった大規模な会場で催される大型展示会です（FRAX　https://www.frax-expo.jp/）。

たとえばフランチャイズの加盟店を500店舗目指そうと考えたら、FRAXに出展して加盟店を募集する方法も検討する段階にあるといえます。私も2022年から出展して、ラーメン店投資家さんたちを募っています。このように、フランチャイザー以外でもビジネスパートナーを探している人や企業が出展しています。

実際、FRAXをきっかけにしてラーメン店投資家になり、フランチャイザーになった人たちもいます。

ただ、出展するためにブースを構えるには、1回100万円前後かかりますので、ある程度資金的に余裕がある人でなければ難しいかもしれません。しかし出展すれば、加盟店を効率良く集められる可能性はあります。私も出展した際には、100人以上の方がブースを訪れ、そのうち20人くらいの方と商談し、そのうち5人と成約に至りました。その後の投資計画やフランチャイズ展開によって、この出展料が回収できるのであれば、決して高くはないと思います。

FRAXでの募集効果を高めるためには、事前に出店に向けてホームページやYouTube、SNSなどで何度も告知しておく必要はあります。

6 より拡大していくための買収、M&A戦略

本章では既にM&Aによる高額売却の話をしましたが、ここでは逆に、M&Aで買収することでビジネス規模を拡大していくお話をします。

ビジネス規模をより急速に拡大させるためには、10~20店規模で多店舗展開をしているラーメン店を買収していきます。直営店を増やすわけです。これを繰り返すことで、自ら1店舗ずつ増やしていくよりも効率良く店舗を増やしていけます。

多店舗展開しているラーメン店を買収する場合は、基本的に全店舗をまとめて買収します。中には業績が悪い店舗が含まれている場合もありますが、売り手は全店舗まとめてでなければ応じない場合がほとんどです。そのため、業績が悪い店舗については、いったん

買収してから、業績回復の手の打ちようがなければ閉店することになります。

店舗を買収した場合、看板を付け替えるかどうかはケースバイケースです。既存の看板で業績が好調であれば、その看板にブランド力があると判断して変えない選択もあります。

一方、あまり業績が良くなかった場合は、看板を付け替えることでブランドイメージを一新し、業績回復を狙います。したがって、売却する側の理由が落ち込んだ売り上げの回復が難しいからなのか、業績が良いタイミングでの高い売却益を期待しているのかを見極める必要があります。


ただし、買収する側のオーナーさんが多店舗展開によるブランドの拡大を目指しているのであれば、買収した店舗の看板を自身の看板に付け替えるべきです。

オーナーさんが買収を検討し始めたときは、買うべきか買わざるべきか、金額はどれくらいが妥当なのかなど、いろいろと悩むことになりますから、私のもとにも多くの方が相談に来られます。

このとき、買収対象の店舗の業績が良ければあまり悩むことはありませんが、業績が今ひとつのときは悩むことが多いでしょう。しかし、看板を付け替えてメニューも一新し、

第5章

リニューアルすることで業績の回復が見込めるのであれば、買うべきだと思います。

ちなみに、どうしても業績の回復が見込めない店舗を閉店にする場合は、土地は賃貸ですから解約することになります。このとき、前オーナーが土地を借りた際に原状回復が条件になっていた場合は、そのための工事費が発生することに注意しましょう。賃貸契約時に最低何年間は借りることなどの縛りが条件に盛り込まれていた場合は、その期限までの賃貸料が残ってしまうので、これも注意が必要です。

また、買収の資金は金融機関から融資を受けるパターンと、投資家さんを集めて資金を出し合うパターン、そしてオーナーさん自身が用意するパターンなどさまざまです。

迷惑行為は回転寿司だけじゃない

本書を執筆している頃、回転寿司や牛丼店での迷惑行為を動画で配信する行為が立て続けに起き、大きな社会問題として取り上げられました。

しかし、飲食店における迷惑行為は回転寿司に限ったことではありませんし、以前からもあったのです。

ただ、その行為を動画で配信するようになったのは、やはりスマートフォンで気軽に動画を撮影できるようになったことと、迷惑行為を行いやすい店内のつくりやサービスの提供方法が増えてきた背景も確かにありそうです。

私が手がけているラーメン店でも、以前から迷惑行為はありました。特に自作自演でクレームを出す行為が多かったのです。

たとえば、自分のズボンに噛み終えたガムを付けて、「椅子にガムが付いていた。このズボンは今買ってきたばかりで5万円したんだぞ。弁償しろ」などとクレームを出す人がいます。

あきらかに自作自演のクレームだと分かっていても、筋の悪そうな相手の場合は、さっさとお金を渡して出て行ってもらうこともあります。先方にも証拠はありませんが、店側にも「自作自演でしょう?」と言い切れるほどの証拠がないためです。

揉め事になれば他のお客様に迷惑が掛かりますし、SNSなどで悪い噂を言いふらされても困ります。たとえ嘘の噂でも、多くの人は信じてしまうでしょうし、興味本位に拡散されるリスクもあります。

また、券売機で1000円札しか入れていないにもかかわらず、1万円札を入れたと言い張り、「お釣りが出ないぞ」と騒ぐ人もいます。このようなときは券売機を開けて確認すれば、事実を明らかにすることもできるのですが、この手の嘘を付く人たちは必ず混雑時間を狙ってきます。

そのため、券売機を開けて確認するといった作業を行っていては後ろに並んでいるお客様に迷惑をかけてしまうため、この場合もさっさとお金を渡して出て行ってもらいます。そして1日の締めを行うと、「ああ、やっぱり嘘だったな」と現金が足りないことで分かるのです。しかし、そのタイミングではどうにもなりません。

脅かすような話をしてしまいましたが、このような迷惑行為は滅多にありません。それゆえに、実際に遭遇してしまうと、スタッフも店長も慌ててしまうことがあります。そのため、このような迷惑行為があったときにどのように対処すべきかをしっかりマニュアル化して伝えておくことも、本部の役割となります。

また、想定外のトラブルが起きたときにも迅速に対処方法を指示できる体制があれば、加盟店の店長やスタッフも安心できます。

第6章

ラーメン店投資の成功店舗事例

本章では、ラーメン店投資の成功イメージをお伝えするために、実際に成功している店舗の実例を紹介します。ぜひ参考にしてください。

＊ご紹介する内容は、本書執筆時点（２０２４年１月）のものです。

1

だし拉麺《らーめん》 きんざん 八戸本店（現 八戸みなと店）

「きんざん」は、青森県八戸市で出汁の卸売を営む会社が多角経営の一環として開業したラーメン店です。１店舗目となった八戸本店（現 八戸みなと店）は、売り上げが良かったため、フランチャイズ化を行い、十和田店（本章第２節参照）をオープン、直営店２店舗目としてイオンモール幕張新都心店（本章第３節参照）をオープンしました。

この八戸本店は、古いコンビニエンスストアの跡地で、災害で土砂が入り使われなくな

■ 店舗データ

オーナーの形態	法人（食品卸売業） ＊フランチャイズ1店舗、直営店舗2店舗		
所在地	青森県八戸市		
開店時期	2022年		
自己資金	500万円（融資あり：事業再構築助成金700万円）		
ラーメンの種類	出汁ラーメン		
席数	38席	駐車場数	10台
家賃	8万円		
月商	500万円（1日あたり200杯程度販売）		
年間利益	840万円		
収益化までの期間	12カ月		
URL	https://dashi-kinzan.jp/		

っていた建物を利用しました。港に近い立地で近隣には競合となる飲食店がほぼない空白地帯で、通勤に使われる道路に面しているため、車の交通量が多い場所です。

出汁のプロだけに、こだわりのスープ開発は難易度が高かったのですが、何度も試作を重ね、最終的には非常に良質なスープが完成し、現在は煮干しや鰹節、昆布出汁のラーメンを提供しています。今後の展開が楽しみなお店です。

この会社は、多角化経営の一環としてラーメン店投資を取り入れたことで、業績が2倍に伸びたとのことです。

オーナーさんが店長を選ぶ際には、最初は知り合いに打診していました。しかし、私は「知り合いだと何かあったときに言いたいことが言えなくなるため、やめたほうがよい」と助言しましたが、気心知れた人のほうが安心だというオーナーさんの判断から、その知り合いの方に店長を務めてもらうことになりました。

しかし、なかなか結果が出ませんでした。当時は私のアドバイスもなかなか聞き入れてもらえない状況もあり、適切なタイミングでサポートに入ることができませんでした。結局は、その時に二番手で入っていた社員さんに店長をやってもらうことになりました。その結果、この店長に任せて成功することができました。

新しい店長は飲食店の経験があったため、即戦力になりました。後にこの店長をフランチャイズ1号店のスーパーバイザーに抜擢し、後任には店長候補だったスタッフを昇格させています。また、フランチャイズ1号店の店長は飲食業が未経験だったため、スタッフの育成においては、1カ月以上の店舗研修を経て、しっかりとトレーニングしたうえでスタートを切りました。

こちらのオーナーさんはとても営業熱心で、毎月限定メニューを作りたいということで、最初の1年は限定メニューのバリエーションを増やしました。その中で人気のあるメニューを厳選して展開することで、お客様に飽きられない工夫をしています。

Instagram やＬＩＮＥ公式なども実施し、しっかりと対応されています。とくに、ＬＩＮＥ公式では、1年で５０００人の友だち登録を獲得し、集客につなげています。

2 だし拉麺　きんざん　十和田店（フランチャイズ1号店）

大きな交差点の目立つ立地条件の店舗です。また、通勤に使われる道路に面しているため、交通量が多い場所です。

通常、多店舗展開した後にフランチャイズ化という流れがよくあるパターンですが、このオーナーさんは、1店舗目の成功を足掛かりにフランチャイズ化しています。

この店舗はフランチャイズの第1号店で、本部も研修など初めての対応だったため、1カ月以上の店舗研修をしたり、オープニングのサポートをしっかり行ったりといった苦労された面もあったかと思いますが、売り上げを順調に伸ばしており、苦労が報われました。

店舗も本店のイメージを引き継ぎ、品のある仕上がりになっています。また、本店と同様に、SNSやLINE公式アカウントでお店の情報を積極的に発信し、リピート客を増やしています。スタッフ募集などについてもSNSで行い、良い人材を集められています。

■ 店舗データ			
フランチャイザー（本部）	法人（食品卸売業）		
加盟店オーナー	法人（自動車整備業）		
所在地	青森県十和田市		
開店時期	2023年		
加盟金等初期費用	900万円（融資あり：800万円）		
毎月のロイヤリティー	売り上げの3%		
ラーメンの種類	出汁ラーメン		
席数	30席	駐車場数	25台
家賃	18万円		
月商	500万円（1日あたり200杯程度販売）		
年間利益	500万円		
収益化までの期間	12カ月		
URL	https://dashi-kinzan.jp/		

ＬＩＮＥ公式アカウントには６３５０人が登録していて、新しいニュースや毎月の限定メニューを発信することで、多くのリピーターが店舗に足を運んでいます。飽きられないような様々な工夫を実施しています。

外観や内観は統一感を持たせるために、本店のイメージと同じようにしました。加盟店の予算もあったので、譲れるところと絶対に譲れないところの調整には苦労しました。フランチャイズとなると、今までになかった疑問が出てきたり、問題が起こったりして、直営店を作るよりは、それなりの苦労はあったようです。次のフランチャイズ加盟店の第２号店も決まっているとのことで、順調にステップアップしています。

3 だし拉麺　きんざん　イオンモール幕張新都心店（直営2号店）

出汁の卸売会社による直営店第2号店です。大型ショッピングモールのレストラン街という集客力がある場所にあるため、来店数の多い店舗です。

フランチャイズの1号店（本章第2節参照）出店後、まもなく出店した直営店ですので、本店を含めて3店舗目の展開となります。本店は青森ですが、全国展開を考慮した結果、関東に進出しました。ちょうどその頃にイオンのリーシング担当者が青森の店舗を訪れて、コンセプトを気に入ってもらい、イオンモール幕張新都心店のフードコートの提案を受けていました。現地視察をするというので、私も同行したところ、最初に提案していただいた場所は集客力が低そうだったので、「他に空きはないですか？」と尋ねると、レストラン街の場所を再提案していただき、こちらのほうが立地が良いと判断し、決定の運びとなりました。

■ 店舗データ

オーナーの形態	法人（出汁の卸売業）
所在地	千葉県千葉市　イオンモール幕張新都心店レストラン街
開店時期	2023年
自己資金	1500万円（融資なし）
ラーメンの種類	出汁ラーメン
席数	38席
家賃	売り上げの10%
月商	900万円（1日あたり300杯程度販売）
年間利益	1080万円
収益化までの期間	12カ月予定
URL	https://dashi-kinzan.jp/

また、フードコートではなく、家賃の高いレストラン街を選んだ理由には、きんざんのラーメンは少し太い麺で、ゆで時間が少し長いタイプでしたので、フードコート向きではなく、レストラン街のほうが合っていると判断したためです。銀行の融資がなかなか受けられなくて、契約金や工事代金などの資金繰りに奔走しましたが、苦労の甲斐があった優良店となっています。

大型ショッピングモールのテナントとして出店する場合は、集客に困らないというメリットがある一方で、施設の営業時間や規則が厳しく、独自でやりたいことがなかなかできないのがデメリットかと思います。

本来ならば夜にお客様を取りたいのですが、施設の営業時間に合わせるため、もう一歩売り上げが伸びないこともあります。とはいえ、日中の売り上げでもかなり大きいのは間違いありません。

4

京都らぁ麺　東山

店舗は、東急田園都市線と大井町線、ＪＲ南武線が乗り入れている溝の口駅近くにある、マルイファミリー溝口２階のフードコート内にあります。そのため、集客力が高く、来客数が多い繁盛店です。

当店のオーナーさんは、東京と神奈川で焼肉店を複数営んでおり、ラーメン店に興味を持っていただいたので、ラーメン店投資に参入しました。1店舗目でフードコートへの出店を決めた理由としては、近隣に焼肉店を経営していたこともあり、人員配置や管理もやりやすいということと、フードコートだとオペーレーションの管理がしやすいという判断から出店を決めました。

私の前著『誰も知らなかった ラーメン店投資家になって成功する方法』を読まれたことをきっかけに、相談に来られました。コロナ禍ですぐには進展がありませんでしたが、

■ 店舗データ

オーナーの形態	法人（飲食業［焼肉店］）
所在地	神奈川県川崎市　マルイファミリー溝口2階フードコート
開店時期	2023年
自己資金	900万円（融資なし）
ラーメンの種類	豚骨ラーメン
席数	フードコート（約300席）
家賃	36万円
月商	400万円（1日あたり150杯程度販売）
年間利益	600万円
収益化までの期間	12カ月予定
URL	https://www.0101.co.jp/078/shop-guide/shop-detail.html?shop_id=20395

第6章

2年後に良い物件が見つかったとの連絡をいただいたので私も見に行ったところ、利益が見込めると判断して出店を進めました。

　面白いラーメンをやってみたい、とのご希望でしたので、最初は丸亀製麺のようなセルフ式のお店をラーメンバージョンでやろうとしました。そのつもりで内装設計をしていたのですが、ラーメンの試食会をオーナーさんに向けて開催したところ、思いのほかオーナーさんが気に入ってくれて、きちんと完成されたラーメンだからセルフ式にせずに、フルサービスの接客で提供しましょうと急遽変更することになりました。

　サラリーマンやファミリーの顧客層が多い施設で、近隣にも背脂豚骨醤油ラーメンのお店がなかったので、京都ラーメン（鶏と豚骨ベースの醤油味に背脂入り）を提案し、味を気に入っていただけたのでコンセプトが決まりました。

5 京の拉麺　嵐山《らんざん》

東海道本線の六甲道駅を降りて徒歩2分の場所にあり、駅前のメイン通りに面しているため視認性が高い店舗です。駅前の一等地のため面積に対して高めの家賃ですが、ラーメン激戦区でもあるなかで、買い物客やサラリーマン客を多く取り込んでいます。また、席数は15席と多くはありませんが、回転がいいため、順調に売り上げを伸ばしています。

当店のオーナーさんはステーキのフランチャイズ店・串カツのフランチャイズ店などに複数に加盟している会社を営んでおり、どちらの業態もコロナ禍が大変だったため、コロナ禍でも強かったラーメン店への興味を持ち、ラーメン店投資に参入しました。私の前著を読んで相談に来られましたが、コロナ禍ですぐには出店を進められないまま、時間が経ってしまったところ、3年ぶりに良い物件が見つかったとのご連絡をいただきました。

しかし、私が物件を確認に行く前に物件の契約をされてしまったとのことで心配したの

■ 店舗データ			
オーナーの形態	法人（飲食業）		
所在地	兵庫県神戸市灘区		
開店時期	2023年		
自己資金	1500万円（融資なし）		
ラーメンの種類	豚骨ラーメン		
席数	15席	駐車場数	なし
家賃	30万円		
月商	400万円（1日あたり130杯程度販売）		
年間利益	720万円		
収益化までの期間	18カ月予定		
URL	準備中		

ですが、実際に確認しに行くと、立地条件の良い物件で安心しました。

この店舗はいわゆる空白地帯とは真逆の場所にありますが、こういった一等地で成功するためには、クオリティーが高いラーメンを熱々で素早く提供することが大事になります。周辺に競合店もあるので、接客にも力を入れておかないと成功しないと思います。

また、この店舗はホームページの準備中ですが、お客様が欲しい情報がまだ十分ではないので、もう少しブラッシュアップしていく必要がありますね。

こちらのお店は設計士さんが付いていたので、店内のデザインや施工はお任せしていましたが、出来上がりはラーメン店にしておくにはもったいないほど頑丈なつくりになっていました。この予算があったら、もう少し別のことに回せただろうなと思いましたが、仕方がないところです。

たとえば、袖看板があったら、さらに集客力が高まったでしょう。袖看板は私の前著でも説明していますが、店舗作りには大変重要な役割となります。

6

京都背脂醤油ラーメン　星光　天・六店

元ラーメン店の居抜き物件を利用した店舗です。車通りも多く、視認性も高い良好な立地条件です。この店舗も、空白地帯とは真逆の場所ですが、若い人が多いため、繁盛しています。ラーメンの味は若い人に人気のある豚骨にしています。

このオーナーさんも私の前著を読んで相談に来られました。大手フランチャイズチェーンのスーパーバイザーとして勤務しながら、副業でラーメン店投資に参入しました。約2年以上粘り強く物件を探し続けた結果、ようやく納得できる物件に出合いました。

オーナーさんは別に本業を持たれているので、頻繁にはお店に顔を出すことができず、開店当初は、オープン前夜に店長が〝飛ぶ（音信不通）〟という事件が起きました。深夜0時過ぎにオーナーさんから電話がかかってきたので、時間帯的に不吉な予感しかしなかったのですが、電話に出たら「店長が飛びました」とのことでした。私はオーナーさんに

■ 店舗データ			
オーナーの形態	法人（ラーメン店のために法人を立ち上げ）		
所在地	大阪市北区		
開店時期	2023年		
自己資金	500万円（融資あり：600万円）		
ラーメンの種類	豚骨ラーメン		
席数	28席	駐車場数	なし
家賃	36万円		
月商	300万円（1日あたり100杯程度販売）		
年間利益	480万円		
収益化までの期間	24カ月		
URL	https://www.big-advance.site/c/145/2221		

「明日のオープンはどうされますか?」と尋ねると、新聞に折り込みチラシも入れているので可能なら営業したいということでしたので、私の関係協力者の手を借りてお店はオープンしました。

しかし、パート希望で来ていた女性スタッフの1人がラーメン店経験があってかなりできる人だったので、このお店では希望の光となりました。その後、私が業務提携している、特定技能外国人制度を使った外国人雇用をしている企業や団体にスタッフを探してもらい、人員体制を整えているところです。

いろいろな混乱がありましたが、残ったスタッフの皆さんと協力した結果、その後はスタッフも定着して順調に売り上げを伸ばしています。若くて意欲のあるオーナーさんですので、私も引き続き注力したいと考えています。

7

京都ラーメン　嵐山《あらしやま》

3人のオーナーさんによる共同経営です。本業はみなさん会社員ですが、副業として気の合う仲間で始めたラーメン店投資です。みなさん20代・30代と若く、デジタルネイティブ世代らしく、Instagram などのＳＮＳを活用して集客に成功しています。

元ラーメン店の居抜き物件を利用した店舗です。周辺に競合店もある中、このお店は駅からは遠く、大通りから数十メートル入った所にありますが、何より50台以上が停められる駐車場が備わっていることが強みです。また、向かい側にコンビニエンスストアがあるため、買い物のついでに来店するお客様も多くいます。

元は全席テーブル席の店内でしたが、改装時にカウンターを増やすことで、一人客に対応できる席数を増やし、回転率を上げました。また、厨房からお客様の様子が見えにくい

■ 店舗データ			
オーナーの形態	友人3人で共同経営（副業／法人化）、本業は3人とも会社員		
所在地	愛知県一宮市		
開店時期	2023年		
自己資金	1000万円（融資なし）		
ラーメンの種類	豚骨ラーメン		
席数	31席	駐車場数	50台以上
家賃	28万円		
月商	400万円（1日あたり130杯程度販売）		
年間利益	600万円		
収益化までの期間	12カ月		
URL	Instagramアカウント kyoto.ra_men.arashiyama		

間仕切りがあったので、それを取り外しました。これは、ラーメンを調理しているスタッフの様子がお客様からも見えることで、安心感や親しみを持たれると判断したためです。

3人での共同経営というのは、珍しいケースですが、役割分担をそれぞれ協力し合って効率よく店舗運営ができています。

オーナーさんたちは経営計画をしっかり立てていて、家賃は20万〜30万円以内と決めていらっしゃいました。そのため、物件探しには時間がかかりました。3件の物件に絞り込み、現地視察行ったなかで、最終的にこの物件を選びました。決め手となったのは、決して目立つ場所ではない分、家賃も相場よりも抑えめだったことで、この家賃ならばリスクがないと判断されたそうです。

8

背脂豚骨ラーメン　麺匠　睦月

オーナーさんは勤めていた不動産会社を辞め、20代と若くやる気に溢れた方です。500万円と予算が限られたなかでも最善の条件で出店できたのは、オーナーさんの綿密な計画と志の高さゆえだと思います。たとえば、創業事業融資・広島県チャレンジ企画の助成制度など、公共の使える助成金はどんどん申請して使って予算をかき集めていたようです。

事業計画書もかなり綿密な内容にしていて、私もいろいろな企画書を見てきましたが、こちらのオーナーさんの計画書はピカイチでした。これなら融資担当者は断る理由がないだろうなというものでした。こういった努力の甲斐あって、資金集めのところで色々な困難を乗り越えてきました。

売り上げの面でも好スタートを切れました。このオーナーさんも、若い人ならではの感性を生かし、ＳＮＳを活用して、お店のＰＲや集客を行い、お客様を増やしています。今

■ 店舗データ

オーナーの形態	個人		
所在地	広島県広島市中区		
開店時期	2023年		
自己資金	500万円（融資あり：400万円）		
ラーメンの種類	豚骨ラーメン		
席数	16席	駐車場数	なし
家賃	10万円		
月商	150万円（1日あたり60杯程度販売）		
年間利益	240万円		
収益化までの期間	12カ月		
URL	Instagramアカウント mutsuki_ramen		

後、さらなる売り上げの伸びを目指してサポートさせていただきたいと思っています。

このオーナーさんは当初、若いということもあり、お父様からの猛反対を受けていました（家族の反対を受けるケースは時々ありまして、ご理解いただくためのサポートをするのも私の仕事の一つになっています）。

そこで、私とお父様が会うことになりました。私なりにご説明をしましたが、最初はなかなか理解していただくことができませんでした。お互い熱くなる場面もありましたが、失敗を心配するお父様に私は、

「息子さんのチャレンジを応援してあげてください。私は失敗させません。たとえ失敗したとしても、何度でも立ち直らせることができます。失敗したとしても、それはすべて人生経験になります」

と伝えました。お父様は納得されたのかそれ以上何もおっしゃらず、最終的に出店を許してくださったのでした。

息子さんの思いを叶えることができ、ほっとした出来事でした。若いオーナーさんなので成功していただきたいです。

9

ラーメン　一笑

兄弟オーナーさんによる共同経営の店舗です。オーナーのお父様は独学でラーメン店を開業し長年経営をされている、味にも接客にもこだわりを持つ職人気質の方でした。そのため、オープンするまでには壁もありました。それは、お父様が私のような外部のコンサルタントを採用することに対して懸念を抱いていたことです。

そのため、逆に私が面談されることになりました。たくさんの質問をいただき、一つひとつ丁寧に回答したところ、ようやくすべて納得していただき、「任せてみよう」という運びになりました。ユニークなお父様でしたので、私のほうがお父様のファンになりました。

兄弟オーナーさんは、すでにお父様のラーメン店で培った経営基盤がありましたので、お店もうまくいくだろうとの予感がありました。厨房や接客のスキルも習得済みでしたの

■ 店舗データ

オーナーの形態	法人（飲食業）、兄弟で共同経営 ＊多店舗展開あり（2店舗）		
所在地	千葉県大網白里市		
開店時期	2023年		
自己資金	1000万円（融資なし）		
ラーメンの種類	博多系豚骨ラーメン		
席数	46席	駐車場数	30台
家賃	20万円		
月商	500万円（1日あたり160杯程度販売）		
年間利益	720万円		
収益化までの期間	18カ月		
URL	https://three-bamboo.com/		

で、その点では非常に楽でした。

店舗は30台の車が停められる駐車場付きのコンビニエンスストア跡地が選ばれました。周辺には何もない空白地帯ですが、この広い駐車場が集客に有利に働いています。

店内にはテーブル席や小上がり席、カウンター席を用意し、座席間もゆったりとしたつくりにしています。また、ドッグランを併設し、屋外に飲食スペースも設けており、愛犬と一緒にラーメンを味わえる点がペット連れのお客様に好評です。

店舗づくりのほとんどをご兄弟で対応されたので理想通りに仕上がっています。これまでお父様のラーメン店で培ったノウハウがあったため、店舗づくりの方向性はどれも的を射たものばかりでした。

博多系のラーメンをやりたいとのご希望でしたので、メニューを提案しましたところ、採用、商品化されました。

兄弟2人での共同経営ということで、お兄さんは、味・調理など厨房部分を中心に担当されています。弟さんは、接客や営業を中心とした役割を担当しており、効率的で堅実な運営をされています。そのため、すぐに予想通りの繁盛店となり、すでに2号店を別店名で出店されています。

10 京都拉麺　めんくら

東京の品川区で京浜急行線の駅から徒歩2分という好立地で、周囲は様々な飲食店、とくに居酒屋さんが多い場所です。マンションや会社も多いため、昼間はランチ客、夜は夕食から締めのラーメンまでお客様の絶えない人気店です。

オーナーさんは、和食の料理人で、コロナ禍でも強いラーメン店に興味を持ちラーメン店投資に参入しました。

じつはこの物件、何十軒という物件視察を行ってようやく見つけました。場所が良かったので、他社との競合となったのです。

居抜き物件なので、本来ならば値下げ交渉を行うところですが、他社を退けるために、提示された造作譲渡費用（居抜き物件に残された内装や設備などを買い取る費用）を上乗せして勝負に出ました。

■ 店舗データ			
オーナーの形態	個人		
所在地	東京都品川区		
開店時期	2023年		
自己資金	1000万円（融資あり：1000万円）		
ラーメンの種類	豚骨ラーメン		
席数	18席	駐車場数	なし
家賃	30万円		
月商	700万円ペース（1日あたり230杯程度販売）		
年間利益	840万円		
収益化までの期間	8カ月		
URL	Instagramアカウント menkura_kyotoramen0712		

読みは当たり、無事に店舗譲渡の権利を獲得することができたのです。

当初、オーナーさんは某有名フランチャイズチェーンで出店を考えていました。ところが、物件のＯＫがなかなか出ず、１年以上も待たされていた状況のなか、私の情報を知って問い合わせをしてくれたのです。

お会いした当時はまだ、１年を無駄に過ごしてしまったことからどこでもいいという雰囲気で、早急に物件を決めようとしていましたが、いろいろと話し合った結果、予算が１０００万円以上あったので、「成功の確率が良い場所を選びましょう」ということになりました。

しかし、そうは言ったものの、オーナーさんもまさか何十軒も物件視察をすることになるとは思っていなかったので、決まるまでにとても苦労したように思います。その甲斐あって、とても良い物件を手にされました。

看板も内照式のチャンネル文字（立体文字）を採用してもらい、近隣では圧倒的に目立つ看板に仕上がっています。

スタッフ募集も難航しました。というのも、平均的な給与・時給を設定していたためです。そこで、オープン３カ月は特別手当てなどのオプションをつけたほうが、良い人材は集まりますよ、とアドバイスをしました。オーナーさんはこれを受け入れてくれ、1カ月間は時給をプラス300円にしました。すると、応募者が殺到して、募集を締め切るほどになったのです。ラーメン店経験者も多く集まり、安心できるスタッフ体制が整いました。

ラーメンの味については、オーナーさんのこだわりはあまりなく、私に一任したいということでした。そこで、成功率を高めるために、この地域にはあまりなかった背脂豚骨系の京都ラーメンを提案しました。スタートから好調で、仕込みが追いつかないほどに売れている、今後の活躍に期待したいお店の一つです。

COLUMN 6

自分の仕事で多くの人を幸せにしたい

本書執筆現在、私は54歳です。今でこそラーメンプロデューサーとして、多くの方のお手伝いをして、喜んでいただけるようになりましたが、ラーメンと出合う以前、私は普通の人から見ればしなくてもよい（できればしたくないような）経験をしてきました。

結果的には自ら選んだ茨の道だったのですが、「あのときあの選択をしなければ、今とは随分と違った人生を歩んでいたかもしれない」と、ときどき思い出すことがあります。

本書の最後となるコラムでは、これまでの私の人生を振り返りながら、みなさんに筆者としての私をより知っていただきたいと思います。

❖ 200億円の負債を抱える

父が亡くなったとき、父が経営していたゴルフ場の経営を200億円という巨額の負債ごと引き継いだのですが、もしこのときに逃げ出していたら、いったいどうなっていただろうと思うのです。

同時に、父が同じ立場ならどうしただろう、とも思います。

私は父を尊敬していましたが、その父でもゴルフ場が抱えた200億円の負債を解消する手立てを考えつかなかったのではないかと思います。

父の主治医からは、父がすい臓がんで余命3カ月と伝えられ、この3カ月以内に会社を引き継ぐのか清算するのか方針を固めておいたほうがいいとも言われました。

このときに、200億円の負債は、たとえ父がまだ生きられたとしても解決は困難だろうと考えていました。当時のゴルフ場の経営状況では、負債の返済は100%不可能だったからです。

ただ、負債を抱えつつも、ゴルフ場にはお客様がいらしていたので、日々の経営は回せていました。つまり、スタッフには給料を払えていましたし、経費もまかなえていました。ただ、負債を返済できるほどの売り上げは出せていなかったのです。

父は自分の死期が近いことを悟ると、ゴルフ場の地上権を押さえました。自分が死んだあとにゴルフ場をすべて銀行に取られないようにと、土地を専有している会社を作ったのです。地上権を押さえたことで、債権者は債権回収のためにゴルフ場の土地や建物を競売にかけることができなくなります。

そして父は私に、地上権を所有している会社の社長になるように言いました。このときに父は、直筆の署名と実印が捺印された白紙の委任状を20枚、私に渡してくれました。

ところがまだ27歳で世の中の仕組みもよく分かっていない私は、それらをどうすればよいのか皆目検討がつかず、結局委任状は白紙のまま机の引き出しにしまわれたままになります。

❖債権者たちに詰め寄られる日々

父は主治医の宣告どおり約3カ月後に亡くなりました。しかし私は泣くに泣けない状況に置かれました。200億円もの負債を抱えてどうすればよいのか。

まもなく、父の他界を知った債権者たちが続々とゴルフ場に押しかけてきました。毎日債権者への対応に追われる日々が始まったのです。

父が存命中も債権者は来ていたのですが、その頃はまだ、「父の判断を仰いでお知らせします」などと言ってかわすことができました。しかし、父が亡くなってからはそのような言い逃れができなくなりました。

「私は負債の内容が分かっていないんです」

これは本当でした。道義的な責任は感じていましたが、本当にどうしてよいか分かりません。それで債権者たちには「すぐには対応できません」とはっきりと答えるようにしました。

もちろん、債権者たちの中には、「ふざけるな！」と怒号を飛ばす人たちもいましたし、反社会的な人たちを取り立てによこす債権者もいました。また、街宣車をよこすぞ、と脅してくる債権者もいました。「好きにしてください」と答えると余計逆上されたものです。直接胸ぐらを掴まれるようなこともありました。

筆者の父親

しかし、200億円は少し頑張ったり工夫したりしたぐらいでは、返せるレベルの金額ではありません。

ただ、私は毎日ゴルフ場に出社していましたので、逃げ出す可能性がないと分かったのか、自宅にまで押しかけてこられることは少なかったですね。それでもなかには、夜中に追いかけてくるような人はいました。

取り立て屋といった人たちも頻繁に来ていましたが、次第に来る頻度は減りました。脅しても出るものがないと悟ったのでしょう。

かといってゴルフ場を売却して返せ、とも言えなかったのです。銀行の第一抵当権が100億円ほど入っていたためです。売却できたとしても自分たちには割当があるとは思わなかったのでしょう。

債権者たちは諦めることはありませんでしたが、やがて勢いは削がれていきました。ときおり状況を確認に来る程度になっていきました。

一方、私のほうは、父が亡くなったことで状況が変わったのだから、何か突破口があるのではないかと思い始めます。

❖ 奇跡の始まり

そのうち、債権者たちは、もはや少しでもいいから可能な限りは回収しておこうと考え始めたらしく、不動産がだめなら動産を競売にかけることを決めました。つまり机や椅子、テーブル、パソコン、厨房設備などを競売にかけて現金化するわけです。

競売の申立をする執行官によれば、おおよそ500万円になるだろうと言います。

私は、この期に及んでもゴルフ場の営業を中断するつもりはありませんでしたので、競売の執行日は定休日の火曜日にしてほしいと要請しました。

私は急ぎスポンサーを探し出し、600万円を借りることに成功しました。このお金で自分が競り落とすつもりだったのです。

そしていよいよ執行官が来て、競売を始める宣言をしようとしたまさにそのとき、ゴルフ場に1台のタクシーが入ってきて、1人の人物を降ろしました。

それで競売開始が一時中止されて、この来訪者がこう言いました。

「私は東京から来た横浜地裁の管財人です」

「こちらの会社は本日を持って破産宣告を受けました。よって、財産をすべて差し押さえます」

彼は差し押さえの紙を貼りに来たのでした。

私はわけが分かりませんでした。

なんというタイミングなのでしょう。まるでドラマか映画の一場面です。今、まさに競売にかけられようとしている動産が、破産宣告により管財人に差し押さえられたのです。

動産の競売を行おうとしていた執行官は抵抗しましたが、破産宣告と管財人の差し押さえが優先されるといいます。

それで執行官と債権者たちはしぶしぶその場をあとにしました。

私もスポンサーから都合してもらった６００万円を使わずに済んだのです。

そこで管財人が差し押さえのために建物の入り口や動産に赤紙を貼ろうとしたところで、私は「封印はしないでください。明日からもゴルフ場は営業を続けていくために封印をされては困ります」と頼み込みます。

「破産したので私たちがすぐにでも出て行ったほうがいいのか、それともゴルフ場の売却を希望するのですか？」と私が詰め寄ったところ、管財人は売却したいと言います。

「それなら営業を続けさせてください。ゴルフ場が管財人の管理下にあることは承知したから、売り上げなどの報告をしますから」

それで管財人は納得して帰りました。

この交渉が後に「奇跡のファインプレー」だったと評価されることになります。

一方、私は地上権を盾にして、ゴルフ場の売り上げ金を管財人には渡しませんでした。そこで管財人は私の地上権が無効であるという裁判を起こします。そしてその後3年間にわたる争いが続きますが、その間、ゴルフ場は営業を続けました。

この間、私の弁護に就いた弁護士が、「あのとき、管財人に封印させなかったのがファインプレーだった。奇跡が起きるかもしれませんよ。希望を持ちましょう」と言います。封印させていたら、そこでいろいろな問題が終わってしまっていただろうと。封印させなかったことで、その後争い続けることができたのだといいます。

実は管財人は焦っていました。破産宣告が下りてから5年以内に物件を処理しなければならなかったからです。

ところが私が居座ったことで、とうとう5年間買い手が付きませんでした。そしてある日、私は裁判所に呼び出されます。「なんだろう」と思いながら裁判所に行くと、裁判官の隣で管財人が青ざめていたのです。見回すと債権者たちも集まっていました。

そして裁判官が手にした文書を読み上げます。

「破産を廃止します」

私は意味が分からないまま法廷を出ました。弁護士がニヤリと笑います。

「破産後、5年経っても管財人が何も処理を進められなかったので、破産が廃止されたんですよ」

「?」

つまり、一度破産して債権がゼロになったあとで、債権がすべて飛んでしまった綺麗なゴルフ場が私のもとに戻ってきたのです。

「奇跡だ……」

私は呆然としました。

私は強運でした。しかも、私を担当した弁護士さんは、破産法を作った先生だったのです。これほどの強力な助っ人はいません。月に100万円という高額な顧問料を支払っていただけの価値があったのです。

「実は破産法には矛盾がある。藏本さんは、まさにその矛盾を突破したんですよ」

破産法を作った本人にとってこの裁判は、ある意味実験的だったのですね。

しかも管財人はその弁護士の教え子でした。

ですから、あるとき管財人から「そちらの弁護士は誰ですか?」と尋ねられて名前を伝えたら、管財人が「そんなはずはない!」と激怒したことがありました。

この弁護士は父と懇意にしていたあるお金持ちの方からの紹介でした。

「お金はかかるけれども、絶対に藏本くんの役に立つ弁護士だから」

このとき、私は父の人脈に深く感謝しました。

その後、私はしばらくゴルフ場の経営を続けましたが、土地と建物の抵当権は残りましたので、銀行が競売の申立を行います。

競売は、50億円から始まりましたが、ときはまさにバブル崩壊後。あれよあれよと下がり続けて結局2億5000万円にまで下がります。ここで2億5000万円ならゴルフ場を助けてあげるよ、という人を見つけたのですが、最終的には韓国の方に2億8000万円で落札されました。

これでとうとう私はゴルフ場を出なければならなくなりました。このような形でゴルフ場との縁が切れたとき、私は36歳になっていました。

——これで良かったのだろうか?

私は今でも、父だったらどうしていただろう、と自分に問いかけています。
結局、流れに乗って周りの人たちの助けを借りて難局を乗り切ってきました。
「借金は簡単だ。しかし最終的に決着を付けることは難しい」
だから藏本くんは大したもんなんだよ、と言ってくれる人もいます。

❖多くの人を幸せにしたい

とにかく胃が締め付けられるような大変な日々を過ごしましたが、この経験があったからこそ、ゴルフ場で人気だった「ラーメン」で新たな人生にチャレンジしてラーメン店を開き、多店舗展開し、ラーメンプロデューサーへとつながっていきました。

今になって思えば、人に恵まれ、運に恵まれたとしか言いようがありません。この幸運を、ラーメンプロデューサーとして、多くの方にお裾分けできたらいいなぁ、と日々考えています。

あとがき

いかがでしたでしょうか。

本書は、リターンが大きく自分のお店を持つことができて実業家にもなれる投資方法としての、ラーメン店投資について紹介してきました。

ラーメン店はたくさんありますが、立地条件さえよければこれからも十分にブルーオーシャンといえる投資先です。

しかも、方法さえ間違わなければ、リターンの早さや回収率は他の投資に比べて断然効率的です。ですからＦＩＲＥを目指している方や、実業家を目指している方、あるいは事業の多角化を目指している方にとっては、強くお勧めできる投資方法です。

そのうえ、投資家さんは自ら厨房に立つわけではありませんし、開店方法もお任せにできますから、簡単に自分のお店やブランドを持つことができます。

しかも直営による多店舗展開やフランチャイズ展開を行えば、収益規模を短期間で拡大させることもできます。

コロナ禍や国際紛争などにより、普通に働いているだけでは将来に明るい展望を見出しにくい時代です。そのため、今後はますます投資や資産運用が重視される時代になってくるでしょう。

幸い、私たちにはさまざまな投資対象や資産運用の方法が用意されています。よりどりみどりといってよい状況にあります。

しかし、いずれも運任せの要素が大きく、国際情勢や気候変動による影響も予測困難です。リスクが高い割にはリターン率が高いとは言えません。ハイリターンが期待できる投資や運用にはハイリスクも伴います。

そのようななかで、飲食店への投資、特に飲食店の中でも収益を上げやすいラーメン店への投資という手段は、まだまだ知られていません。ラーメンの強みは、国民食と呼ばれるほどの人気に加えて、来日する外国人観光客にとっても非常に人気のある日本の食文化の一つであることです。

すでにたくさんの繁盛店を持つことで高い収益を安定的に得ている人たちが増えてきています。

本書を読まれたあなたも、ぜひ、投資家として、飲食店のオーナーとして、そして実業家としての成功に踏み出されてはいかがでしょうか。

もちろん、私が全力でサポートさせていただきます。

ラーメンプロデューサー
一般社団法人国際ラーメン協会 代表
藏本 猛 Jr

●著者プロフィール

藏本 猛 Jr（クラモトタケシジュニア）

ラーメンプロデューサー
一般社団法人国際ラーメン協会 代表

1969年神奈川県生まれ。

ゴルフ場運営の修業を経て、1996年、27歳のときに父親が経営するゴルフ場の社長に就任。200億円の負債を抱えるも、多くの人に助けられながら負債を帳消しにし、10年間の社長生活を終える。

その後、ゴルフ場で人気だった「ラーメン」に着目。ラーメン店の開業を目指し、スープや麺の研究を始め、メーカーからの製品化を果たす。

2010年に東京で開業。その後、直営店を15店舗まで拡大した後、15店舗を無償で譲渡。

2014年にラーメンプロデューサーとして活動を開始。現在、毎月100件以上の依頼が殺到し、プロデュース実績は450店以上。出店場所の設定からオープンまでをワンストップでサポートするほか、海外出店のサポートも行っている。

2019年、一般社団法人国際ラーメン協会を設立。日本のラーメン文化を海外に発信、海外出店のサポート活動を行う。

2020年～2022年のコロナ禍においても50店舗以上の出店をサポートし、フランチャイズ化に成功した店舗も多数輩出。

「フランチャイズ・ショー」や日本最大級のフランチャイズビジネスの総合展「FRAX」に毎年出店し、確実にラーメン店投資家を増やしている。

著書に、『誰も知らなかった ラーメン店投資家になって成功する方法』（2019年、合同フォレスト）、『400店以上を黒字に導いたプロが教える ラーメン店投資術』（2021年、PHPエディターズ・グループ）がある。

編集協力　地蔵重樹
組　　版　GALLAP
装　　幀　華本達哉（aozora.tv）
図版・イラスト　春田　薫
校　　正　菊池朋子

資産を速く・大きく増やせる ラーメン店投資の極意
副業から、多店舗展開、フランチャイズ化、FIREを目指す人まで！

2024 年 4 月 5 日　第 1 刷発行

著　者　　藏本　猛 Jr
発行者　　松本　威
発　行　　合同フォレスト株式会社
郵便番号 184 - 0001
東京都小金井市関野町 1 - 6 - 10
電話 042（401）2939　FAX 042（401）2931
振替 00170 - 4 - 324578
ホームページ　https://www.godo-forest.co.jp/
発　売　　合同出版株式会社
郵便番号 184 - 0001
東京都小金井市関野町 1 - 6 - 10
電話 042（401）2930　FAX 042（401）2931
印刷・製本　恒信印刷株式会社

ISBN 978-4-7726-6219-2　NDC 336　188 × 130